TRANZLATY

El idioma es para todos

Bahasa adalah untuk
semua orang

El Manifiesto Comunista

Manifesto Komunis

Karl Marx
&
Friedrich Engels

Español / Bahasa Melayu

Introducción
Pengenalan

Un fantasma acecha a Europa: el fantasma del comunismo

Hantu menghantui Eropah - hantu Komunisme

Todas las potencias de la vieja Europa han entrado en una santa alianza para exorcizar este fantasma

Semua Kuasa Eropah lama telah memasuki pakatan suci untuk mengusir hantu ini

El Papa y el Zar, Metternich y Guizot, los radicales franceses y los espías de la policía alemana

Paus dan Tsar, Metternich dan Guizot, Radikal Perancis dan pengintip polis Jerman

¿Dónde está el partido en la oposición que no ha sido tachado de comunista por sus adversarios en el poder?

Di manakah parti pembangkang yang tidak dikecam sebagai Komunis oleh lawannya yang berkuasa?

¿Dónde está la Oposición que no haya devuelto el reproche de marca al comunismo contra los partidos de oposición más avanzados?

Di manakah pembangkang yang tidak melemparkan kembali celaan penjenamaan Komunisme, terhadap parti pembangkang yang lebih maju?

¿Y dónde está el partido que no ha hecho la acusación contra sus adversarios reaccionarios?

Dan di manakah parti yang tidak membuat tuduhan terhadap musuh-musuhnya yang reaksioner?

Dos cosas resultan de este hecho

Dua perkara terhasil daripada fakta ini

I. El comunismo es ya reconocido por todas las potencias europeas como una potencia en sí misma

I. Komunisme sudah diakui oleh semua Kuasa Eropah sebagai Kuasa itu sendiri

II. Ya es hora de que los comunistas publiquen abiertamente, a la vista de todo el mundo, sus puntos de vista, sus objetivos y sus tendencias

II. Sudah tiba masanya Komunis harus secara terbuka, di hadapan seluruh dunia, menerbitkan pandangan, matlamat dan kecenderungan mereka

deben hacer frente a este cuento infantil del Espectro del Comunismo con un Manifiesto del propio partido

mereka mesti memenuhi kisah kanak-kanak Hantu Komunisme ini dengan Manifesto parti itu sendiri

Con este fin, comunistas de diversas nacionalidades se han reunido en Londres y han esbozado el siguiente Manifiesto

Untuk tujuan ini, Komunis dari pelbagai bangsa telah berkumpul di London dan melakar Manifesto berikut

El presente manifiesto se publicará en inglés, francés, alemán, italiano, flamenco y danés

manifesto ini akan diterbitkan dalam bahasa Inggeris, Perancis, Jerman, Itali, Flemish dan Denmark

Y ahora se publicará en todos los idiomas que ofrece Tranzlaty

Dan kini ia akan diterbitkan dalam semua bahasa yang ditawarkan oleh Tranzlaty

La burguesía y los proletarios
Borjuis dan Proletar

La historia de todas las sociedades existentes hasta ahora es la historia de las luchas de clases

Sejarah semua masyarakat yang sedia ada sehingga kini adalah sejarah perjuangan kelas

Hombre libre y esclavo, patricio y plebeyo, señor y siervo, maestro de gremio y oficial

Orang bebas dan hamba, bangsawan dan plebeian, tuan dan hamba, ketua persatuan dan pengembara

en una palabra, opresor y oprimido

dalam satu perkataan, penindas dan tertindas

Estas clases sociales estaban en constante oposición entre sí

kelas-kelas sosial ini sentiasa bertentangan antara satu sama lain

Llevaron a cabo una lucha ininterrumpida. Ahora oculto, ahora abierto

mereka meneruskan perjuangan tanpa gangguan. Kini tersembunyi, kini dibuka

una lucha que terminó en una reconstitución revolucionaria de la sociedad en general

perjuangan yang sama ada berakhir dengan perlembagaan semula masyarakat yang revolusioner secara amnya

o una lucha que terminó en la ruina común de las clases contendientes

atau pergaduhan yang berakhir dengan kehancuran bersama kelas-kelas yang bersaing

Echemos la vista atrás a las épocas anteriores de la historia

Mari kita lihat kembali kepada zaman sejarah yang terdahulu

Encontramos casi en todas partes una complicada organización de la sociedad en varios órdenes

kita dapati hampir di mana-mana susunan masyarakat yang rumit ke dalam pelbagai susunan

Siempre ha habido una múltiple gradación de rango social

sentiasa ada penggredan kedudukan sosial yang bermacam-macam

En la antigua Roma tenemos patricios, caballeros, plebeyos, esclavos

Di Rom purba kita mempunyai bangsawan, kesatria, plebeian, hamba

en la Edad Media: señores feudales, vasallos, maestros de gremios, oficiales, aprendices, siervos

pada Zaman Pertengahan: tuan-tuan feudal, pengikut, tuan persatuan, pengembara, perantis, hamba

En casi todas estas clases, de nuevo, las gradaciones subordinadas

Dalam hampir semua kelas ini, sekali lagi, penggredan bawahan

La sociedad burguesa moderna ha brotado de las ruinas de la sociedad feudal

Masyarakat Borjuasi moden telah tumbuh dari runtuhan masyarakat feudal

Pero este nuevo orden social no ha eliminado los antagonismos de clase

Tetapi tatanan sosial baru ini tidak menghapuskan antagonisme kelas

No ha hecho más que establecer nuevas clases y nuevas condiciones de opresión

Ia telah menubuhkan kelas baru dan keadaan penindasan baru

Ha establecido nuevas formas de lucha en lugar de las antiguas

ia telah menubuhkan bentuk-bentuk perjuangan baru menggantikan yang lama

Sin embargo, la época en la que nos encontramos posee un rasgo distintivo

Walau bagaimanapun, zaman yang kita dapati mempunyai satu ciri tersendiri

la época de la burguesía ha simplificado los antagonismos de clase

zaman Borjuasi telah memudahkan antagonisme kelas

La sociedad en su conjunto se divide cada vez más en dos grandes campos hostiles

Masyarakat secara keseluruhan semakin berpecah kepada dua kem bermusuhan yang besar

dos grandes clases sociales enfrentadas directamente: la burguesía y el proletariado

dua kelas sosial yang hebat berhadapan secara langsung antara satu sama lain: Borjuasi dan Proletariat

De los siervos de la Edad Media surgieron los burgueses de las primeras ciudades

Dari hamba Zaman Pertengahan muncul penduduk bertauliah bandar-bandar terawal

A partir de estos burgueses se desarrollaron los primeros elementos de la burguesía

Daripada burgesses ini unsur-unsur pertama Borjuasi telah dibangunkan

El descubrimiento de América y el doblamiento del Cabo

Penemuan Amerika dan pembulatan Cape

estos acontecimientos abrieron un nuevo terreno para la burguesía en ascenso

peristiwa-peristiwa ini membuka landasan baru untuk Borjuasi yang semakin meningkat

Los mercados de las Indias Orientales y China, la colonización de América, el comercio con las colonias

Pasaran Hindia Timur dan Cina, penjajahan Amerika, berdagang dengan tanah jajahan

el aumento de los medios de cambio y de las mercancías en general

peningkatan dalam cara pertukaran dan komoditi secara amnya

Estos acontecimientos dieron al comercio, a la navegación y a la industria un impulso nunca antes conocido

Peristiwa-peristiwa ini memberi kepada perdagangan, navigasi, dan industri dorongan yang tidak pernah diketahui sebelum ini

Dio un rápido desarrollo al elemento revolucionario en la tambaleante sociedad feudal

ia memberi perkembangan pesat kepada unsur revolusioner dalam masyarakat feudal yang terhuyung-huyung

Los gremios cerrados habían monopolizado el sistema feudal de producción industrial

Persatuan tertutup telah memonopoli sistem feudal pengeluaran perindustrian

Pero esto ya no bastaba para satisfacer las crecientes necesidades de los nuevos mercados

Tetapi ini tidak lagi mencukupi untuk keperluan pasaran baharu yang semakin meningkat

El sistema manufacturero sustituyó al sistema feudal de la industria

Sistem pembuatan menggantikan sistem industri feudal

Los maestros de gremio fueron empujados a un lado por la clase media manufacturera

Tuan persatuan ditolak di satu pihak oleh kelas pertengahan pembuatan

La división del trabajo entre los diferentes gremios corporativos desapareció

Pembahagian kerja antara persatuan korporat yang berbeza lenyap

La división del trabajo penetraba en cada uno de los talleres

Pembahagian kerja menembusi setiap bengkel tunggal

Mientras tanto, los mercados seguían creciendo y la demanda seguía aumentando

Sementara itu, pasaran terus berkembang, dan permintaan semakin meningkat

Ni siquiera las fábricas bastaban para satisfacer las demandas

Malah kilang-kilang tidak lagi mencukupi untuk memenuhi permintaan

A partir de entonces, el vapor y la maquinaria revolucionaron la producción industrial

Selepas itu, wap dan jentera merevolusikan pengeluaran
perindustrian

**El lugar de la manufactura fue ocupado por el gigante, la
Industria Moderna**

Tempat pembuatan diambil oleh gergasi, Industri Moden

**El lugar de la clase media industrial fue ocupado por
millonarios industriales**

Tempat kelas menengah perindustrian diambil oleh jutawan
industri

**el lugar de los jefes de ejércitos industriales enteros fue
ocupado por la burguesía moderna**

tempat pemimpin seluruh tentera perindustrian telah diambil
oleh Borjuasi moden

**el descubrimiento de América allanó el camino para que la
industria moderna estableciera el mercado mundial**

penemuan Amerika membuka jalan kepada industri moden
untuk menubuhkan pasaran dunia

**Este mercado dio un inmenso desarrollo al comercio, la
navegación y la comunicación por tierra**

Pasaran ini memberikan perkembangan yang besar kepada
perdagangan, navigasi, dan komunikasi melalui darat

**Este desarrollo ha repercutido, en su momento, en la
extensión de la industria**

Perkembangan ini, pada masanya, telah bertindak balas
terhadap peluasan industri

**Reaccionó en proporción a cómo se extendía la industria, y
cómo se extendían el comercio, la navegación y los
ferrocarriles**

ia bertindak balas mengikut perkadaran bagaimana industri
diperluaskan, dan bagaimana perdagangan, navigasi dan
kereta api diperluaskan

**en la misma proporción en que la burguesía se desarrolló,
aumentó su capital**

dalam bahagian yang sama yang dibangunkan oleh Borjuasi,
mereka meningkatkan modal mereka

y la burguesía relegó a un segundo plano a todas las clases heredadas de la Edad Media

dan Borjuasi menolak ke latar belakang setiap kelas yang diturunkan dari Zaman Pertengahan

por lo tanto, la burguesía moderna es en sí misma el producto de un largo curso de desarrollo

oleh itu Borjuasi moden itu sendiri adalah hasil daripada perjalanan pembangunan yang panjang

Vemos que es una serie de revoluciones en los modos de producción y de intercambio

kita melihat ia adalah satu siri revolusi dalam mod pengeluaran dan pertukaran

Cada paso de la burguesía desarrollista iba acompañado de un avance político correspondiente

Setiap langkah Borjuasi pembangunan disertai dengan kemajuan politik yang sepadan

Una clase oprimida bajo el dominio de la nobleza feudal

Kelas yang tertindas di bawah pengaruh bangsawan feudal

una asociación armada y autónoma en la comuna medieval

sebuah persatuan bersenjata dan pemerintahan sendiri di komune zaman pertengahan

aquí, una república urbana independiente (como en Italia y Alemania)

di sini, sebuah republik bandar yang merdeka (seperti di Itali dan Jerman)

allí, un "tercer estado" imponible de la monarquía (como en Francia)

di sana, "estet ketiga" monarki yang boleh dikenakan cukai (seperti di Perancis)

posteriormente, en el período de fabricación propiamente dicho

selepas itu, dalam tempoh pembuatan yang betul

la burguesía servía a la monarquía semifeudal o a la monarquía absoluta

Borjuasi berkhidmat sama ada monarki separa feudal atau mutlak

o la burguesía actuaba como contrapeso contra la nobleza
atau Borjuasi bertindak sebagai penentang terhadap golongan bangsawan

y, de hecho, la burguesía era una piedra angular de las grandes monarquías en general
dan, sebenarnya, Borjuasi adalah batu penjuru monarki besar secara amnya

pero la industria moderna y el mercado mundial se establecieron desde entonces
tetapi Industri Moden dan pasaran dunia menubuhkan dirinya sejak itu

y la burguesía ha conquistado para sí el dominio político exclusivo
dan Borjuasi telah menakluki untuk dirinya sendiri pengaruh politik eksklusif

logró esta influencia política a través del Estado representativo moderno
ia mencapai pengaruh politik ini melalui Negara perwakilan moden

Los ejecutivos del Estado moderno no son más que un comité de gestión
Eksekutif Negara moden hanyalah sebuah jawatankuasa pengurusan

y manejan los asuntos comunes de toda la burguesía
dan mereka menguruskan hal ehwal bersama seluruh Borjuasi

La burguesía, históricamente, ha desempeñado un papel muy revolucionario
Borjuasi, dari segi sejarah, telah memainkan peranan yang paling revolusioner

Dondequiera que se impuso, puso fin a todas las relaciones feudales, patriarcales e idílicas
di mana sahaja ia mendapat kelebihan, ia menamatkan semua hubungan feudal, patriarki, dan indah

Ha roto sin piedad los abigarrados lazos feudales que unían al hombre con sus "superiores naturales"

Ia telah merobek tanpa belas kasihan hubungan feudal beraneka ragam yang mengikat manusia dengan "atasan semula jadi"

y no ha dejado ningún nexo entre el hombre y el hombre, más allá del puro interés propio

dan ia telah meninggalkan tiada hubungan antara manusia dan manusia, selain daripada kepentingan diri yang telanjang

Las relaciones del hombre entre sí se han convertido en nada más que un cruel "pago en efectivo"

hubungan manusia antara satu sama lain telah menjadi tidak lebih daripada "pembayaran tunai" yang tidak berperasaan

Ha ahogado los éxtasis más celestiales del fervor religioso

Ia telah menenggelamkan kegembiraan keagamaan yang paling syurga

ha ahogado el entusiasmo caballeresco y el sentimentalismo filisteo

ia telah menenggelamkan semangat kesatria dan sentimentalisme filistin

ha ahogado estas cosas en el agua helada del cálculo egoísta

ia telah menenggelamkan perkara-perkara ini dalam air berais pengiraan egois

Ha resuelto el valor personal en valor de cambio

Ia telah menyelesaikan nilai peribadi kepada nilai yang boleh ditukar

Ha sustituido a las innumerables e imprescriptibles libertades estatutarias

ia telah menggantikan kebebasan bertauliah yang tidak terkira dan tidak dapat dinafikan

y ha establecido una libertad única e inconcebible; Libre cambio

dan ia telah menubuhkan kebebasan tunggal yang tidak masuk akal; Perdagangan Bebas

En una palabra, lo ha hecho para la explotación

Dalam satu perkataan, ia telah melakukan ini untuk eksploitasi

explotación velada por ilusiones religiosas y políticas

eksploitasi yang diselubungi oleh ilusi agama dan politik
explotación velada por una explotación desnuda, desvergonzada, directa, brutal
eksploitasi terselubung oleh eksploitasi telanjang, tidak tahu malu, langsung, kejam
la burguesía ha despojado de la aureola a todas las ocupaciones anteriormente honradas y veneradas
Borjuasi telah menanggalkan lingkaran cahaya dari setiap pekerjaan yang dihormati dan dihormati sebelum ini
el médico, el abogado, el sacerdote, el poeta y el hombre de ciencia
doktor, peguam, imam, penyair, dan ahli sains
Ha convertido a estos distinguidos trabajadores en sus trabajadores asalariados
ia telah menukar pekerja terkemuka ini kepada buruh upah bergaji
La burguesía ha rasgado el velo sentimental de la familia
Borjuasi telah merobek tudung sentimental daripada keluarga
y ha reducido la relación familiar a una mera relación monetaria
dan ia telah mengurangkan hubungan keluarga kepada hubungan wang semata-mata
el brutal despliegue de vigor en la Edad Media que tanto admiran los reaccionarios
paparan kekuatan yang kejam pada Zaman Pertengahan yang sangat dikagumi oleh Reaksionis
Aun esto encontró su complemento adecuado en la más perezosa indolencia
walaupun ini mendapati pelengkapnya yang sesuai dalam kemalasan yang paling malas
La burguesía ha revelado cómo sucedió todo esto
Borjuasi telah mendedahkan bagaimana semua ini berlaku
La burguesía ha sido la primera en mostrar lo que la actividad del hombre puede producir
Borjuasi telah menjadi yang pertama menunjukkan apa yang boleh dibawa oleh aktiviti manusia

Ha logrado maravillas que superan con creces las pirámides egipcias, los acueductos romanos y las catedrales góticas

Ia telah mencapai keajaiban yang jauh melebihi piramid Mesir, saluran air Rom, dan katedral Gothic

y ha llevado a cabo expediciones que han hecho sombra a todos los antiguos Éxodos de naciones y cruzadas

dan ia telah menjalankan ekspedisi yang meletakkan di bawah naungan semua bekas Keluaran bangsa-bangsa dan perang salib

La burguesía no puede existir sin revolucionar constantemente los instrumentos de producción

Borjuasi tidak boleh wujud tanpa sentiasa merevolusikan instrumen pengeluaran

y, por lo tanto, no puede existir sin sus relaciones con la producción

dan dengan itu ia tidak boleh wujud tanpa hubungannya dengan pengeluaran

y, por lo tanto, no puede existir sin sus relaciones con la sociedad

dan oleh itu ia tidak boleh wujud tanpa hubungannya dengan masyarakat

Todas las clases industriales anteriores tenían una condición en común

Semua kelas perindustrian terdahulu mempunyai satu syarat yang sama

Confiaban en la conservación de los antiguos modos de producción

mereka bergantung pada pemuliharaan mod pengeluaran lama

pero la burguesía trajo consigo una dinámica completamente nueva

tetapi Borjuasi membawa bersamanya dinamik yang sama sekali baru

Revolucionar constantemente la producción y perturbar ininterrumpidamente todas las condiciones sociales

Revolusi berterusan pengeluaran dan gangguan tanpa gangguan semua keadaan sosial

esta eterna incertidumbre y agitación distingue a la época burguesa de todas las anteriores

ketidakpastian dan pergolakan yang kekal ini membezakan zaman Borjuasi daripada semua zaman terdahulu

Las relaciones previas con la producción vinieron acompañadas de antiguos y venerables prejuicios y opiniones

hubungan terdahulu dengan pengeluaran datang dengan prasangka dan pendapat kuno dan dihormati

Pero todas estas relaciones fijas y congeladas son barridas

tetapi semua hubungan yang tetap dan cepat beku ini dihanyutkan

Todas las relaciones recién formadas se vuelven anticuadas antes de que puedan osificarse

semua hubungan yang baru terbentuk menjadi lapuk sebelum ia boleh mengeras

Todo lo que es sólido se derrite en el aire, y todo lo que es santo es profanado

Semua yang pepejal cair ke udara, dan semua yang suci dicemari

El hombre se ve finalmente obligado a afrontar con sus sentidos sobrios sus verdaderas condiciones de vida

Manusia akhirnya terpaksa menghadapi dengan deria yang sedar, keadaan sebenar kehidupannya

y se ve obligado a afrontar sus relaciones con los de su especie

dan dia terpaksa menghadapi hubungannya dengan jenisnya

La burguesía necesita constantemente ampliar sus mercados para sus productos

Borjuasi sentiasa perlu mengembangkan pasarannya untuk produknya

y, debido a esto, la burguesía es perseguida por toda la superficie del globo

dan, kerana ini, Borjuasi dikejar di seluruh permukaan dunia

La burguesía debe anidar en todas partes, establecerse en todas partes, establecer conexiones en todas partes

Borjuasi mesti bersarang di mana-mana, menetap di mana-mana, mewujudkan hubungan di mana-mana

La burguesía debe crear mercados en todos los rincones del mundo para explotar

Borjuasi mesti mewujudkan pasaran di setiap pelosok dunia untuk mengeksploitasi

La producción y el consumo en todos los países han adquirido un carácter cosmopolita

pengeluaran dan penggunaan di setiap negara telah diberi watak kosmopolitan

el disgusto de los reaccionarios es palpable, pero ha continuado a pesar de todo

kekecewaan Reaksionis dapat dirasai, tetapi ia telah berterusan tanpa mengira

La burguesía ha sacado de debajo de los pies de la industria el terreno nacional en el que se encontraba

Borjuasi telah menarik dari bawah kaki industri tanah negara di mana ia berdiri

Todas las industrias nacionales de vieja data han sido destruidas, o están siendo destruidas diariamente

semua industri negara yang lama ditubuhkan telah musnah, atau setiap hari dimusnahkan

Todas las viejas industrias nacionales son desplazadas por las nuevas industrias

Semua industri negara yang lama ditubuhkan disingkirkan oleh industri baru

Su introducción se convierte en una cuestión de vida o muerte para todas las naciones civilizadas

pengenalan mereka menjadi persoalan hidup dan mati bagi semua negara bertamadun

son desalojados por industrias que ya no trabajan con materia prima autóctona

mereka disingkirkan oleh industri yang tidak lagi menggunakan bahan mentah asli

En cambio, estas industrias extraen materias primas de las zonas más remotas
sebaliknya, industri ini menarik bahan mentah dari zon terpencil

industrias cuyos productos se consumen, no solo en el país, sino en todos los rincones del mundo
industri yang produknya digunakan, bukan sahaja di rumah, tetapi di setiap suku dunia

En lugar de las viejas necesidades, satisfechas por las producciones del país, encontramos nuevas necesidades
Sebagai ganti kehendak lama, berpuas hati dengan pengeluaran negara, kita dapati kehendak baru

Estas nuevas necesidades requieren para su satisfacción los productos de tierras y climas lejanos
kehendak baru ini memerlukan untuk kepuasan mereka produk tanah dan iklim yang jauh

En lugar de la antigua reclusión y autosuficiencia local y nacional, tenemos el comercio
Sebagai ganti pengasingan dan sara diri tempatan dan kebangsaan yang lama, kami mempunyai perdagangan

intercambio internacional en todas las direcciones; Interdependencia universal de las naciones
pertukaran antarabangsa dalam setiap arah; Kebergantungan sejagat negara

Y así como dependemos de los materiales, también dependemos de la producción intelectual
dan sama seperti kita mempunyai kebergantungan kepada bahan, begitu juga kita bergantung kepada pengeluaran intelektual

Las creaciones intelectuales de las naciones individuales se convierten en propiedad común
Ciptaan intelektual setiap negara menjadi harta bersama

La unilateralidad nacional y la estrechez de miras se vuelven cada vez más imposibles
Keberat sebelah dan fikiran sempit negara menjadi semakin mustahil

y de las numerosas literaturas nacionales y locales, surge una literatura mundial

dan daripada banyak kesusasteraan kebangsaan dan tempatan, timbul kesusasteraan dunia

por el rápido perfeccionamiento de todos los instrumentos de producción

dengan peningkatan pesat semua instrumen pengeluaran

por los medios de comunicación inmensamente facilitados

dengan cara komunikasi yang sangat dipermudahkan

La burguesía atrae a todos (incluso a las naciones más bárbaras) a la civilización

Borjuasi menarik semua (walaupun negara yang paling biadab) ke dalam tamadun

Los precios baratos de sus mercancías; la artillería pesada que derriba todas las murallas chinas

Harga murah komoditinya; artileri berat yang menghantam semua tembok China

El odio intensamente obstinado de los bárbaros hacia los extranjeros se ve obligado a capitular

kebencian orang barbar yang sangat degil terhadap orang asing terpaksa menyerah kalah

Obliga a todas las naciones, bajo pena de extinción, a adoptar el modo de producción burgués

Ia memaksa semua negara, atas kesakitan kepupusan, untuk mengamalkan cara pengeluaran Borjuasi

los obliga a introducir lo que llama civilización en su seno

ia memaksa mereka untuk memperkenalkan apa yang dipanggil tamadun ke tengah-tengah mereka

La burguesía obliga a los bárbaros a convertirse ellos mismos en burgueses

Borjuasi memaksa orang barbar untuk menjadi Borjuasi sendiri

en una palabra, la burguesía crea un mundo a su imagen y semejanza

dalam satu perkataan, Borjuasi mencipta dunia mengikut imejnya sendiri

La burguesía ha sometido el campo al dominio de las ciudades

Borjuasi telah menundukkan kawasan luar bandar kepada pemerintahan bandar-bandar

Ha creado enormes ciudades y ha aumentado considerablemente la población urbana

Ia telah mewujudkan bandar-bandar besar dan meningkatkan penduduk bandar dengan ketara

Rescató a una parte considerable de la población de la idiotez de la vida rural

ia menyelamatkan sebahagian besar penduduk daripada kebodohan kehidupan luar bandar

pero ha hecho que los del campo dependan de las ciudades

tetapi ia telah menjadikan mereka yang berada di luar bandar bergantung kepada bandar-bandar

y asimismo, ha hecho que los países bárbaros dependan de los civilizados

dan begitu juga, ia telah menjadikan negara-negara biadab bergantung kepada negara-negara bertamadun

naciones de campesinos sobre naciones de la burguesía, el Este sobre el Oeste

bangsa-bangsa petani di negara-negara Borjuasi, Timur di Barat

La burguesía suprime cada vez más el estado disperso de la población

Borjuasi menghapuskan keadaan penduduk yang bertaburan semakin banyak

Ha aglomerado la producción y ha concentrado la propiedad en pocas manos

Ia mempunyai pengeluaran yang terkumpul, dan mempunyai harta tertumpu di beberapa tangan

La consecuencia necesaria de esto fue la centralización política

Akibat yang diperlukan daripada ini ialah pemusatan politik

Había habido naciones independientes y provincias poco conectadas

Terdapat negara merdeka dan wilayah yang bersambung longgar

Tenían intereses, leyes, gobiernos y sistemas tributarios separados

mereka mempunyai kepentingan, undang-undang, kerajaan dan sistem percukaian yang berasingan

pero se han agrupado en una sola nación, con un solo gobierno

tetapi mereka telah disatukan menjadi satu negara, dengan satu kerajaan

Ahora tienen un interés nacional de clase, una frontera y un arancel aduanero

mereka kini mempunyai satu kepentingan kelas nasional, satu sempadan dan satu tarif kastam

Y este interés nacional de clase está unificado bajo un solo código de leyes

dan kepentingan kelas nasional ini disatukan di bawah satu kod undang-undang

la burguesía ha logrado mucho durante su gobierno de apenas cien años

Borjuasi telah mencapai banyak perkara semasa pemerintahannya yang terhad seratus tahun

fuerzas productivas más masivas y colosales que todas las generaciones precedentes juntas

kuasa produktif yang lebih besar dan besar daripada semua generasi sebelumnya bersama-sama

Las fuerzas de la naturaleza están subyugadas a la voluntad del hombre y su maquinaria

Kuasa alam semula jadi ditaklukkan kepada kehendak manusia dan jenteranya

La química se aplica a todas las formas de industria y tipos de agricultura

Kimia digunakan untuk semua bentuk industri dan jenis pertanian

la navegación a vapor, los ferrocarriles, los telégrafos eléctricos y la imprenta

navigasi wap, kereta api, telegraf elektrik, dan mesin cetak

desbroce de continentes enteros para el cultivo, canalización de ríos

pembersihan seluruh benua untuk penanaman, terusan sungai

Poblaciones enteras han sido sacadas de la tierra y puestas a trabajar

seluruh populasi telah disulap keluar dari tanah dan digunakan untuk bekerja

¿Qué siglo anterior tuvo siquiera un presentimiento de lo que podría desencadenarse?

Apakah abad awal yang mempunyai prasentimen tentang apa yang boleh dilepaskan?

¿Quién predijo que tales fuerzas productivas dormitaban en el regazo del trabajo social?

Siapa yang meramalkan bahawa kuasa produktif sedemikian tertidur di pangkuan buruh sosial?

Vemos, pues, que los medios de producción y de intercambio se generaban en la sociedad feudal

kita melihat bahawa alat pengeluaran dan pertukaran telah dijana dalam masyarakat feudal

los medios de producción sobre cuyos cimientos se construyó la burguesía

alat-alat pengeluaran di mana asasnya Borjuasi membina dirinya sendiri

En una determinada etapa del desarrollo de estos medios de producción y de intercambio

Pada peringkat tertentu dalam pembangunan alat pengeluaran dan pertukaran ini

las condiciones bajo las cuales la sociedad feudal producía e intercambiaba

keadaan di mana masyarakat feudal menghasilkan dan bertukar

La organización feudal de la agricultura y la industria manufacturera

Pertubuhan Feudal Pertanian dan Industri Pembuatan

Las relaciones feudales de propiedad ya no eran compatibles con las condiciones materiales
hubungan feudal harta tidak lagi serasi dengan keadaan material

Tuvieron que ser reventados en pedazos, por lo que fueron reventados en pedazos
Mereka terpaksa pecah, jadi mereka pecah

En su lugar entró la libre competencia de las fuerzas productivas
Ke tempat mereka melangkah persaingan bebas daripada kuasa produktif

y fueron acompañadas de una constitución social y política adaptada a ella
dan mereka disertai dengan perlembagaan sosial dan politik yang disesuaikan dengannya

y fue acompañado por el dominio económico y político de la burguesía
dan ia disertai dengan pengaruh ekonomi dan politik kelas Borjuasi

Un movimiento similar está ocurriendo ante nuestros propios ojos
Pergerakan serupa sedang berlaku di hadapan mata kita sendiri

La sociedad burguesa moderna con sus relaciones de producción, de intercambio y de propiedad
Masyarakat Borjuasi moden dengan hubungan pengeluaran, dan pertukaran, dan harta benda

una sociedad que ha conjurado medios de producción y de intercambio tan gigantescos
masyarakat yang telah memunculkan cara pengeluaran dan pertukaran yang begitu besar

Es como el hechicero que invocó los poderes del mundo inferior
Ia seperti ahli sihir yang memanggil kuasa dunia bawah

Pero ya no es capaz de controlar lo que ha traído al mundo

tetapi dia tidak lagi dapat mengawal apa yang telah dia bawa ke dunia

Durante muchas décadas, la historia pasada estuvo unida por un hilo conductor

Selama sedekad yang lalu, sejarah telah diikat bersama oleh benang yang sama

La historia de la industria y del comercio no ha sido más que la historia de las revueltas

Sejarah industri dan perdagangan hanyalah sejarah pemberontakan

las revueltas de las fuerzas productivas modernas contra las condiciones modernas de producción

pemberontakan kuasa produktif moden terhadap keadaan pengeluaran moden

Las revueltas de las fuerzas productivas modernas contra las relaciones de propiedad

pemberontakan kuasa produktif moden terhadap hubungan harta

estas relaciones de propiedad son las condiciones para la existencia de la burguesía

hubungan harta ini adalah syarat untuk kewujudan Borjuasi

y la existencia de la burguesía determina las reglas de las relaciones de propiedad

dan kewujudan Borjuasi menentukan peraturan untuk hubungan harta

Baste mencionar el retorno periódico de las crisis comerciales

Cukuplah untuk menyebut pengembalian krisis komersial secara berkala

cada crisis comercial es más amenazante para la sociedad burguesa que la anterior

setiap krisis komersial lebih mengancam masyarakat Borjuasi daripada yang terakhir

En estas crisis se destruye gran parte de los productos existentes

Dalam krisis ini, sebahagian besar produk sedia ada dimusnahkan

Pero estas crisis también destruyen las fuerzas productivas previamente creadas

Tetapi krisis ini juga memusnahkan kuasa produktif yang dicipta sebelum ini

En todas las épocas anteriores, estas epidemias habrían parecido un absurdo

Dalam semua zaman terdahulu, wabak ini kelihatan tidak masuk akal

porque estas epidemias son las crisis comerciales de la sobreproducción

kerana wabak ini adalah krisis komersial pengeluaran berlebihan

De repente, la sociedad se encuentra de nuevo en un estado de barbarie momentánea

Masyarakat tiba-tiba mendapati dirinya kembali ke dalam keadaan kebiadaban seketika

como si una guerra universal de devastación hubiera cortado todos los medios de subsistencia

seolah-olah perang kemusnahan sejagat telah memotong setiap cara sara hidup

la industria y el comercio parecen haber sido destruidos; ¿Y por qué?

industri dan perdagangan nampaknya telah musnah; Dan mengapa?

Porque hay demasiada civilización y medios de subsistencia

Kerana terdapat terlalu banyak tamadun dan cara sara hidup

y porque hay demasiada industria y demasiado comercio

dan kerana terdapat terlalu banyak industri, dan terlalu banyak perdagangan

Las fuerzas productivas a disposición de la sociedad ya no desarrollan la propiedad burguesa

Kuasa produktif di pelupusan masyarakat tidak lagi membangunkan harta Borjuasi

por el contrario, se han vuelto demasiado poderosos para estas condiciones, por las cuales están encadenados

sebaliknya, mereka telah menjadi terlalu kuat untuk keadaan ini, yang mana mereka dibelenggu

tan pronto como superan estas cadenas, traen el desorden a toda la sociedad burguesa

sebaik sahaja mereka mengatasi belenggu ini, mereka membawa kekacauan ke dalam seluruh masyarakat Borjuasi

y las fuerzas productivas ponen en peligro la existencia de la propiedad burguesa

dan kuasa produktif membahayakan kewujudan harta Borjuasi

Las condiciones de la sociedad burguesa son demasiado estrechas para abarcar la riqueza creada por ellas

Keadaan masyarakat Borjuasi terlalu sempit untuk terdiri daripada kekayaan yang dicipta oleh mereka

¿Y cómo supera la burguesía estas crisis?

Dan bagaimana Borjuasi mengatasi krisis ini?

Por un lado, supera estas crisis mediante la destrucción forzada de una masa de fuerzas productivas

Di satu pihak, ia mengatasi krisis ini dengan pemusnahan paksa jisim kuasa produktif

por otro lado, supera estas crisis mediante la conquista de nuevos mercados

Sebaliknya, ia mengatasi krisis ini dengan penaklukan pasaran baharu

y supera estas crisis mediante la explotación más completa de las viejas fuerzas productivas

dan ia mengatasi krisis ini dengan eksploitasi yang lebih menyeluruh terhadap kuasa pengeluaran lama

Es decir, allanando el camino para crisis más extensas y destructivas

Maksudnya, dengan membuka jalan kepada krisis yang lebih meluas dan lebih merosakkan

supera la crisis disminuyendo los medios para prevenir las crisis

ia mengatasi krisis dengan mengurangkan cara di mana krisis dicegah

Las armas con las que la burguesía derribó el feudalismo se vuelven ahora contra sí misma

Senjata-senjata yang digunakan oleh Borjuasi menumbangkan feudalisme ke tanah kini berpaling menentang dirinya sendiri

Pero la burguesía no sólo ha forjado las armas que le dan la muerte

Tetapi bukan sahaja Borjuasi telah memalsukan senjata yang membawa kematian kepada dirinya sendiri

También ha llamado a la existencia a los hombres que han de empuñar esas armas

ia juga telah memanggil kewujudan lelaki yang akan menggunakan senjata itu

Y estos hombres son la clase obrera moderna; Son los proletarios

dan orang-orang ini adalah kelas pekerja moden; mereka adalah proletar

En la misma proporción en que se desarrolla la burguesía, en la misma proporción se desarrolla el proletariado

Dalam perkadaran seperti Borjuasi dibangunkan, dalam perkadaran yang sama Proletariat dibangunkan

La clase obrera moderna desarrolló una clase de trabajadores

Kelas pekerja moden membangunkan kelas buruh

Esta clase de obreros vive sólo mientras encuentran trabajo

Kelas buruh ini hidup hanya selagi mereka mendapat pekerjaan

y sólo encuentran trabajo mientras su trabajo aumenta el capital

dan mereka mencari kerja hanya selagi buruh mereka meningkatkan modal

Estos obreros, que deben venderse a destajo, son una mercancía

Buruh-buruh ini, yang mesti menjual diri mereka sedikit demi sedikit, adalah komoditi

Estos obreros son como cualquier otro artículo de comercio

Buruh-buruh ini seperti setiap artikel perdagangan yang lain

y, en consecuencia, están expuestos a todas las vicisitudes de la competencia

dan akibatnya mereka terdedah kepada semua perubahan persaingan

Tienen que capear todas las fluctuaciones del mercado

Mereka perlu mengharungi semua turun naik pasaran

Debido al uso extensivo de maquinaria y a la división del trabajo

Disebabkan oleh penggunaan jentera yang meluas dan pembahagian kerja

El trabajo de los proletarios ha perdido todo carácter individual

kerja proletariat telah kehilangan semua watak individu

y, en consecuencia, el trabajo de los proletarios ha perdido todo encanto para el obrero

dan akibatnya, kerja proletar telah kehilangan semua daya tarikan bagi pekerja

Se convierte en un apéndice de la máquina, en lugar del hombre que una vez fue

Dia menjadi pelengkap mesin, dan bukannya lelaki seperti dulu

Sólo se requiere de él la habilidad más simple, monótona y más fácil de adquirir

Hanya bakat yang paling mudah, membosankan, dan paling mudah diperoleh diperlukan daripadanya

Por lo tanto, el costo de producción de un trabajador está restringido

Oleh itu, kos pengeluaran seorang pekerja adalah terhad

se restringe casi por completo a los medios de subsistencia que necesita para su manutención

ia terhad hampir sepenuhnya kepada cara sara hidup yang dia perlukan untuk nafkahnya

y se restringe a los medios de subsistencia que necesita para la propagación de su raza

dan ia terhad kepada cara sara hidup yang dia perlukan untuk penyebaran kaumnya

Pero el precio de una mercancía, y por lo tanto también del trabajo, es igual a su costo de producción

Tetapi harga komoditi, dan oleh itu juga buruh, adalah sama dengan kos pengeluarannya

Por lo tanto, a medida que aumenta la repulsividad del trabajo, disminuye el salario

Oleh itu, dalam perkadaran, apabila kejijikan kerja meningkat, gaji berkurangan

Es más, la repulsión de su obra aumenta a un ritmo aún mayor

Tidak, kejijikan karyanya meningkat pada kadar yang lebih tinggi

A medida que aumenta el uso de maquinaria y la división del trabajo, también lo hace la carga del trabajo

apabila penggunaan jentera dan pembahagian kerja meningkat, begitu juga beban kerja keras

La carga del trabajo se incrementa con la prolongación de las horas de trabajo

Beban kerja keras ditingkatkan dengan memanjangkan waktu bekerja

Se espera más del obrero en el mismo tiempo que antes

lebih banyak diharapkan daripada buruh dalam masa yang sama seperti sebelum ini

Y, por supuesto, la carga del trabajo aumenta por la velocidad de la maquinaria

dan sudah tentu beban kerja keras ditingkatkan dengan kelajuan jentera

La industria moderna ha convertido el pequeño taller del amo patriarcal en la gran fábrica del capitalista industrial

Industri moden telah menukar bengkel kecil tuan patriarki menjadi kilang besar kapitalis perindustrian

Las masas de obreros, hacinados en la fábrica, están organizadas como soldados

Massa buruh, bersesak ke dalam kilang, diatur seperti askar

Como soldados rasos del ejército industrial están bajo el mando de una jerarquía perfecta de oficiales y sargentos

Sebagai persendirian tentera perindustrian, mereka diletakkan di bawah perintah hierarki pegawai dan sarjan yang sempurna

no sólo son esclavos de la burguesía y del Estado

mereka bukan sahaja hamba kelas Borjuasi dan Negara

pero también son esclavizados diariamente y cada hora por la máquina

tetapi mereka juga diperhambakan setiap hari dan setiap jam oleh mesin

están esclavizados por el vigilante y, sobre todo, por el propio fabricante burgués

mereka diperhambakan oleh pemerhati, dan, di atas semua, oleh pengilang Borjuasi individu itu sendiri

Cuanto más abiertamente proclama este despotismo que la ganancia es su fin y su fin, tanto más mezquino, más odioso y más amargo es

Semakin terbuka despotisme ini mengisytiharkan keuntungan sebagai akhir dan matlamatnya, semakin kecil, semakin benci dan semakin pahit

Cuanto más se desarrolla la industria moderna, menores son las diferencias entre los sexos

semakin industri moden menjadi maju, semakin kecil perbezaan antara jantina

Cuanto menor es la habilidad y el ejercicio de la fuerza implícitos en el trabajo manual, tanto más el trabajo de los hombres es reemplazado por el de las mujeres

Semakin kurang kemahiran dan usaha kekuatan yang tersirat dalam buruh manual, semakin banyak buruh lelaki digantikan oleh buruh wanita

Las diferencias de edad y sexo ya no tienen ninguna validez social distintiva para la clase obrera

Perbezaan umur dan jantina tidak lagi mempunyai kesahihan sosial yang tersendiri untuk kelas pekerja

Todos son instrumentos de trabajo, más o menos costosos de usar, según su edad y sexo

Semua adalah alat buruh, lebih kurang mahal untuk digunakan, mengikut umur dan jantina mereka

tan pronto como el obrero recibe su salario en efectivo, es atacado por las otras partes de la burguesía

sebaik sahaja buruh menerima upahnya secara tunai, daripada dia ditetapkan oleh bahagian-bahagian Borjuasi yang lain

el propietario, el tendero, el prestamista, etc

tuan tanah, penjaga kedai, pajak gadai, dll

Los estratos más bajos de la clase media; los pequeños comerciantes y tenderos

Lapisan bawah kelas pertengahan; peniaga kecil orang dan pekedai

los comerciantes jubilados en general, y los artesanos y campesinos

peniaga yang telah bersara secara amnya, dan tukang tangan dan petani

todo esto se hunde poco a poco en el proletariado

semua ini tenggelam secara beransur-ansur ke dalam Proletariat

en parte porque su minúsculo capital no basta para la escala en que se desarrolla la industria moderna

sebahagiannya kerana modal kecil mereka tidak mencukupi untuk skala di mana Industri Moden dijalankan

y porque está inundada en la competencia con los grandes capitalistas

dan kerana ia dibanjiri dalam persaingan dengan kapitalis besar

en parte porque sus habilidades especializadas se vuelven inútiles por los nuevos métodos de producción

sebahagiannya kerana kemahiran khusus mereka menjadi tidak bernilai oleh kaedah pengeluaran baru

De este modo, el proletariado es reclutado entre todas las clases de la población

Oleh itu, Proletariat direkrut daripada semua kelas penduduk

El proletariado pasa por varias etapas de desarrollo
Proletariat melalui pelbagai peringkat pembangunan
Con su nacimiento comienza su lucha con la burguesía
Dengan kelahirannya bermula perjuangannya dengan
Borjuasi
Al principio, la contienda es llevada a cabo por trabajadores individuales
Pada mulanya pertandingan dijalankan oleh buruh individu
Entonces el concurso es llevado a cabo por los obreros de una fábrica
Kemudian pertandingan dijalankan oleh pekerja kilang
Entonces la contienda es llevada a cabo por los operarios de un oficio, en una localidad
Kemudian pertandingan dijalankan oleh pengendali satu perdagangan, di satu kawasan
y la contienda es entonces contra la burguesía individual que los explota directamente
dan pertandingan itu kemudiannya menentang Borjuasi individu yang mengeksploitasi mereka secara langsung
No dirigen sus ataques contra las condiciones de producción de la burguesía
Mereka mengarahkan serangan mereka bukan terhadap syarat-syarat pengeluaran Borjuasi
pero dirigen su ataque contra los propios instrumentos de producción
tetapi mereka mengarahkan serangan mereka terhadap instrumen pengeluaran itu sendiri
destruyen mercancías importadas que compiten con su mano de obra
mereka memusnahkan barangan import yang bersaing dengan buruh mereka
Hacen pedazos la maquinaria y prenden fuego a las fábricas
mereka menghancurkan jentera dan mereka membakar kilang
tratan de restaurar por la fuerza el estado desaparecido del obrero de la Edad Media

mereka berusaha untuk memulihkan secara paksa status pekerja Zaman Pertengahan yang lenyap

En esta etapa, los obreros forman todavía una masa incoherente dispersa por todo el país

Pada peringkat ini buruh masih membentuk jisim yang tidak koheren yang tersebar di seluruh negara

y se rompen por su mutua competencia

dan mereka dipecahkan oleh persaingan bersama mereka

Si en alguna parte se unen para formar cuerpos más compactos, esto no es todavía la consecuencia de su propia unión activa

Jika di mana-mana mereka bersatu untuk membentuk badan yang lebih padat, ini belum lagi akibat daripada kesatuan aktif mereka sendiri

pero es una consecuencia de la unión de la burguesía, para alcanzar sus propios fines políticos

tetapi ia adalah akibat daripada penyatuan Borjuasi, untuk mencapai tujuan politiknya sendiri

la burguesía se ve obligada a poner en movimiento a todo el proletariado

Borjuasi terpaksa menggerakkan seluruh Proletariat

y además, por un momento, la burguesía es capaz de hacerlo

dan lebih-lebih lagi, untuk sementara waktu, Borjuasi mampu berbuat demikian

Por lo tanto, en esta etapa, los proletarios no luchan contra sus enemigos

Oleh itu, pada peringkat ini, proletar tidak melawan musuh mereka

sino que están luchando contra los enemigos de sus enemigos

tetapi sebaliknya mereka melawan musuh musuh mereka

la lucha contra los restos de la monarquía absoluta y los terratenientes

perjuangan sisa-sisa monarki mutlak dan pemilik tanah

luchan contra la burguesía no industrial; la pequeña burguesía

mereka melawan Borjuasi bukan perindustrian; Borjuasi kecil

De este modo, todo el movimiento histórico se concentra en manos de la burguesía

Oleh itu, keseluruhan pergerakan sejarah tertumpu di tangan Borjuasi

cada victoria así obtenida es una victoria para la burguesía

setiap kemenangan yang diperolehi adalah kemenangan bagi Borjuasi

Pero con el desarrollo de la industria, el proletariado no sólo aumenta en número

Tetapi dengan perkembangan industri, Proletariat bukan sahaja meningkat dalam bilangan

el proletariado se concentra en grandes masas y su fuerza crece

Proletariat menjadi tertumpu dalam jisim yang lebih besar dan kekuatannya bertambah

y el proletariado siente cada vez más esa fuerza

dan Proletariat merasakan kekuatan itu semakin

Los diversos intereses y condiciones de vida en las filas del proletariado se igualan cada vez más

Pelbagai kepentingan dan keadaan kehidupan dalam barisan Proletariat semakin disamakan

se vuelven más proporcionales a medida que la maquinaria borra todas las distinciones de trabajo

mereka menjadi lebih berkadaran apabila jentera melenyapkan semua perbezaan buruh

y la maquinaria reduce los salarios al mismo nivel bajo en casi todas partes

dan jentera hampir di mana-mana mengurangkan gaji ke tahap rendah yang sama

La creciente competencia entre la burguesía, y las crisis comerciales resultantes, hacen que los salarios de los obreros sean cada vez más fluctuantes

Persaingan yang semakin meningkat di kalangan Borjuasi, dan krisis komersial yang terhasil, menjadikan gaji pekerja semakin berubah-ubah

La mejora incesante de la maquinaria, que se desarrolla cada vez más rápidamente, hace que sus medios de vida sean cada vez más precarios

Penambahbaikan jentera yang tidak henti-hentinya, semakin pesat berkembang, menjadikan mata pencarian mereka semakin tidak menentu

los choques entre obreros individuales y burgueses individuales toman cada vez más el carácter de choques entre dos clases

perlanggaran antara pekerja individu dan borjuasi individu mengambil lebih banyak watak perlanggaran antara dua kelas

A partir de ese momento, los obreros comienzan a formar uniones (sindicatos) contra la burguesía

Selepas itu pekerja mula membentuk gabungan (Kesatuan Sekerja) menentang Borjuasi

se agrupan para mantener el ritmo de los salarios

mereka berkumpul bersama untuk mengekalkan kadar upah

Fundaron asociaciones permanentes para hacer frente de antemano a estas revueltas ocasionales

mereka menemui persatuan tetap untuk membuat peruntukan terlebih dahulu untuk pemberontakan sekali-sekala ini

Aquí y allá la contienda estalla en disturbios

Di sana-sini pertandingan meletus menjadi rusuhan

De vez en cuando los obreros salen victoriosos, pero sólo por un tiempo

Kadang-kadang pekerja menang, tetapi hanya untuk seketika

El verdadero fruto de sus batallas no reside en el resultado inmediato, sino en la unión cada vez mayor de los trabajadores

Hasil sebenar pertempuran mereka terletak, bukan pada hasil serta-merta, tetapi dalam kesatuan pekerja yang sentiasa berkembang

Esta unión se ve favorecida por la mejora de los medios de comunicación creados por la industria moderna

Kesatuan ini dibantu oleh cara komunikasi yang lebih baik yang dicipta oleh industri moden

La comunicación moderna pone en contacto a los trabajadores de diferentes localidades

komunikasi moden meletakkan pekerja dari kawasan yang berbeza berhubung antara satu sama lain

Era precisamente este contacto el que se necesitaba para centralizar las numerosas luchas locales en una lucha nacional entre clases

Hanya hubungan inilah yang diperlukan untuk memusatkan banyak perjuangan tempatan ke dalam satu perjuangan nasional antara kelas

Todas estas luchas tienen el mismo carácter, y toda lucha de clases es una lucha política

Semua perjuangan ini mempunyai watak yang sama, dan setiap perjuangan kelas adalah perjuangan politik

los burgueses de la Edad Media, con sus miserables carreteras, necesitaron siglos para formar sus uniones

penduduk Zaman Pertengahan, dengan lebuh raya mereka yang menyedihkan, memerlukan berabad-abad untuk membentuk kesatuan mereka

Los proletarios modernos, gracias a los ferrocarriles, logran sus sindicatos en pocos años

Proletar moden, terima kasih kepada kereta api, mencapai kesatuan mereka dalam masa beberapa tahun

Esta organización de los proletarios en una clase los formó, por consiguiente, en un partido político

Organisasi proletar ini ke dalam satu kelas akibatnya membentuk mereka menjadi sebuah parti politik

La clase política se ve continuamente molesta por la competencia entre los propios trabajadores

kelas politik terus terganggu lagi oleh persaingan antara pekerja itu sendiri

Pero la clase política sigue levantándose de nuevo, más fuerte, más firme, más poderosa

Tetapi kelas politik terus bangkit semula, lebih kuat, lebih tegas, lebih kuat

Obliga al reconocimiento legislativo de los intereses particulares de los trabajadores

Ia memaksa pengiktirafan perundangan terhadap kepentingan tertentu pekerja

lo hace aprovechándose de las divisiones en el seno de la propia burguesía

ia melakukan ini dengan mengambil kesempatan daripada perpecahan di kalangan Borjuasi itu sendiri

De este modo, el proyecto de ley de las diez horas en Inglaterra se convirtió en ley

Oleh itu, rang undang-undang sepuluh jam di England telah dimasukkan ke dalam undang-undang

en muchos sentidos, las colisiones entre las clases de la vieja sociedad son, además, el curso del desarrollo del proletariado

dalam banyak cara perlanggaran antara kelas-kelas masyarakat lama selanjutnya adalah perjalanan pembangunan Proletariat

La burguesía se ve envuelta en una batalla constante

Borjuasi mendapati dirinya terlibat dalam pertempuran berterusan

Al principio se verá envuelto en una batalla constante con la aristocracia

Pada mulanya ia akan mendapati dirinya terlibat dalam pertempuran berterusan dengan bangsawan

más tarde se verá envuelta en una batalla constante con esas partes de la propia burguesía

kemudian ia akan mendapati dirinya terlibat dalam pertempuran berterusan dengan bahagian-bahagian Borjuasi itu sendiri

y sus intereses se habrán vuelto antagónicos al progreso de la industria

dan kepentingan mereka akan menjadi antagonis kepada kemajuan industri

en todo momento, sus intereses se habrán vuelto antagónicos con la burguesía de los países extranjeros

pada setiap masa, kepentingan mereka akan menjadi
antagonis dengan Borjuasi negara-negara asing

**En todas estas batallas se ve obligado a apelar al proletariado
y pide su ayuda**

Dalam semua pertempuran ini, ia melihat dirinya terpaksa
merayu kepada Proletariat, dan meminta bantuannya

**y, por lo tanto, se sentirá obligado a arrastrarlo a la arena
política**

dan dengan itu, ia akan berasa terpaksa menyeretnya ke arena
politik

**La burguesía misma, por lo tanto, suministra al proletariado
sus propios instrumentos de educación política y general**

Oleh itu, Borjuasi itu sendiri membekalkan Proletariat dengan
instrumen pendidikan politik dan amnya sendiri

**en otras palabras, suministra al proletariado armas para
luchar contra la burguesía**

dalam erti kata lain, ia membekalkan Proletariat dengan
senjata untuk memerangi Borjuasi

**Además, como ya hemos visto, sectores enteros de las clases
dominantes se precipitan en el proletariado**

Selanjutnya, seperti yang telah kita lihat, seluruh bahagian
kelas pemerintah diendapkan ke dalam Proletariat

el avance de la industria los absorbe en el proletariado

kemajuan industri menyedut mereka ke dalam Proletariat

**o, al menos, están amenazados en sus condiciones de
existencia**

atau, sekurang-kurangnya, mereka terancam dalam keadaan
kewujudan mereka

**Estos también suministran al proletariado nuevos elementos
de ilustración y progreso**

Ini juga membekalkan Proletariat dengan unsur-unsur
pencerahan dan kemajuan yang segar

**Finalmente, en momentos en que la lucha de clases se acerca
a la hora decisiva**

Akhirnya, pada masa-masa apabila perjuangan kelas
menghampiri waktu yang menentukan

el proceso de disolución que se está llevando a cabo en el seno de la clase dominante

Proses pembubaran yang berlaku dalam kelas pemerintah

De hecho, la disolución que se está produciendo en el seno de la clase dominante se sentirá en toda la sociedad

Malah, pembubaran yang berlaku dalam kelas pemerintah akan dirasai dalam seluruh rangkaian masyarakat

Tomará un carácter tan violento y deslumbrante, que un pequeño sector de la clase dominante se quedará a la deriva

ia akan mengambil watak yang ganas dan mencolok, sehingga sebahagian kecil kelas pemerintah memotong dirinya hanyut

y esa clase dominante se unirá a la clase revolucionaria

dan kelas pemerintah itu akan menyertai kelas revolusioner

La clase revolucionaria es la clase que tiene el futuro en sus manos

kelas revolusioner menjadi kelas yang memegang masa depan di tangannya

Al igual que en un período anterior, una parte de la nobleza se pasó a la burguesía

Sama seperti pada tempoh sebelumnya, sebahagian bangsawan beralih kepada Borjuasi

de la misma manera que una parte de la burguesía se pasará al proletariado

dengan cara yang sama sebahagian daripada Borjuasi akan diserahkan kepada Proletariat

en particular, una parte de la burguesía pasará a una parte de los ideólogos de la burguesía

khususnya, sebahagian daripada Borjuasi akan diserahkan kepada sebahagian daripada ideologi Borjuasi

Ideólogos burgueses que se han elevado al nivel de comprender teóricamente el movimiento histórico en su conjunto

Ahli ideologi borjuasi yang telah menaikkan diri mereka ke tahap memahami secara teori pergerakan sejarah secara keseluruhan

De todas las clases que hoy se encuentran frente a frente con la burguesía, sólo el proletariado es una clase realmente revolucionaria
Daripada semua kelas yang bersemuka dengan Borjuasi hari ini, Proletariat sahaja adalah kelas yang benar-benar revolusioner

Las otras clases decaen y finalmente desaparecen frente a la industria moderna
Kelas-kelas lain reput dan akhirnya hilang di hadapan Industri Moden

el proletariado es su producto especial y esencial
Proletariat adalah produk istimewa dan penting

La clase media baja, el pequeño fabricante, el tendero, el artesano, el campesino
Kelas menengah bawah, pengilang kecil, penjaga kedai, tukang, petani

todos ellos luchan contra la burguesía
semua ini berjuang menentang Borjuasi

Luchan como fracciones de la clase media para salvarse de la extinción
mereka berjuang sebagai pecahan kelas menengah untuk menyelamatkan diri mereka daripada kepupusan

Por lo tanto, no son revolucionarios, sino conservadores
Oleh itu, mereka tidak revolusioner, tetapi konservatif

Más aún, son reaccionarios, porque tratan de hacer retroceder la rueda de la historia
Lebih-lebih lagi, mereka adalah reaksioner, kerana mereka cuba memutar balik roda sejarah

Si por casualidad son revolucionarios, lo son sólo en vista de su inminente transferencia al proletariado
Jika secara kebetulan mereka revolusioner, mereka begitu hanya memandangkan peralihan mereka yang akan datang ke dalam Proletariat

Por lo tanto, no defienden sus intereses presentes, sino sus intereses futuros

dengan itu mereka bukan mempertahankan masa kini mereka, tetapi kepentingan masa depan mereka

abandonan su propio punto de vista para situarse en el del proletariado

mereka meninggalkan pendirian mereka sendiri untuk meletakkan diri mereka pada pendirian Proletariat

La "clase peligrosa", la escoria social, esa masa pasivamente putrefacta arrojada por las capas más bajas de la vieja sociedad

"Kelas berbahaya", sampah sosial, jisim reput pasif yang dibuang oleh lapisan terendah masyarakat lama

pueden, aquí y allá, ser arrastrados al movimiento por una revolución proletaria

mereka mungkin, di sana-sini, dihanyutkan ke dalam gerakan oleh revolusi proletar

Sus condiciones de vida, sin embargo, la preparan mucho más para el papel de un instrumento sobornado de la intriga reaccionaria

keadaan hidupnya, bagaimanapun, menyediakannya lebih banyak untuk bahagian alat tipu daya reaksioner yang disogok

En las condiciones del proletariado, los de la vieja sociedad en general están ya virtualmente desbordados

Dalam keadaan Proletariat, masyarakat lama secara amnya sudah hampir dibanjiri

El proletario carece de propiedad

Proletar tidak mempunyai harta

su relación con su mujer y sus hijos ya no tiene nada en común con las relaciones familiares de la burguesía

hubungannya dengan isteri dan anak-anaknya tidak lagi mempunyai apa-apa persamaan dengan hubungan keluarga Borjuasi

el trabajo industrial moderno, el sometimiento moderno al capital, lo mismo en Inglaterra que en Francia, en Estados Unidos como en Alemania

buruh perindustrian moden, ketundukan moden kepada
modal, sama di England seperti di Perancis, di Amerika
seperti di Jerman

**Su condición en la sociedad lo ha despojado de todo rastro
de carácter nacional**

keadaannya dalam masyarakat telah melucutkan setiap kesan
watak kebangsaan

**El derecho, la moral, la religión, son para él otros tantos
prejuicios burgueses**

Undang-undang, moral, agama, baginya begitu banyak
prasangka Borjuasi

**y detrás de estos prejuicios acechan emboscados otros tantos
intereses burgueses**

dan di sebalik prasangka ini mengintai dalam serangan
hendap sama seperti banyak kepentingan Borjuasi

**Todas las clases precedentes que se impusieron trataron de
fortalecer su estatus ya adquirido**

Semua kelas terdahulu yang mendapat kelebihan, berusaha
untuk mengukuhkan status mereka yang telah diperolehi

**Lo hicieron sometiendo a la sociedad en general a sus
condiciones de apropiación**

mereka melakukan ini dengan menundukkan masyarakat
secara amnya kepada syarat peruntukan mereka

**Los proletarios no pueden llegar a ser dueños de las fuerzas
productivas de la sociedad**

Proletar tidak boleh menjadi tuan kepada kuasa produktif
masyarakat

**sólo puede hacerlo aboliendo su propio modo anterior de
apropiación**

ia hanya boleh melakukan ini dengan memansuhkan cara
peruntukan mereka sendiri sebelum ini

**y, por lo tanto, también suprime cualquier otro modo
anterior de apropiación**

dan dengan itu ia juga memansuhkan setiap cara peruntukan
terdahulu yang lain

No tienen nada propio que asegurar y fortificar

Mereka tidak mempunyai apa-apa untuk dijamin dan diperkuat

Su misión es destruir todos los valores y seguros anteriores de la propiedad individual

Misi mereka adalah untuk memusnahkan semua sekuriti terdahulu untuk, dan insurans, harta individu

Todos los movimientos históricos anteriores fueron movimientos de minorías

Semua pergerakan sejarah sebelum ini adalah pergerakan minoriti

o eran movimientos en interés de las minorías

atau mereka adalah pergerakan demi kepentingan minoriti

El movimiento proletario es el movimiento consciente e independiente de la inmensa mayoría

Gerakan proletar ialah gerakan sedar diri dan bebas majoriti besar

Y es un movimiento en interés de la inmensa mayoría

dan ia adalah pergerakan demi kepentingan majoriti besar

El proletariado, el estrato más bajo de nuestra sociedad actual

Proletariat, lapisan terendah dalam masyarakat kita sekarang

no puede agitarse ni elevarse sin que todos los estratos superiores de la sociedad oficial salgan al aire

ia tidak boleh menggerakkan atau membangkitkan dirinya tanpa seluruh lapisan penyandang masyarakat rasmi yang muncul ke udara

Aunque no en el fondo, sí en la forma, la lucha del proletariado con la burguesía es, al principio, una lucha nacional

Walaupun tidak dalam substansi, namun dalam bentuk, perjuangan Proletariat dengan Borjuasi pada mulanya adalah perjuangan nasional

El proletariado de cada país debe, por supuesto, en primer lugar arreglar las cosas con su propia burguesía

Proletariat setiap negara mesti, tentu saja, terlebih dahulu menyelesaikan perkara dengan Borjuasinya sendiri

Al describir las fases más generales del desarrollo del proletariado, hemos trazado la guerra civil más o menos velada

Dalam menggambarkan fasa yang paling umum dalam perkembangan Proletariat, kami mengesan perang saudara yang lebih kurang terselubung

Este civil está haciendo estragos dentro de la sociedad existente

sivil ini berkecamuk dalam masyarakat sedia ada

Se enfurecerá hasta el punto en que esa guerra estalle en una revolución abierta

ia akan berkecamuk sehingga ke tahap di mana perang itu meletus menjadi revolusi terbuka

y luego el derrocamiento violento de la burguesía sienta las bases para el dominio del proletariado

dan kemudian penggulingan Borjuasi yang ganas meletakkan asas untuk pengaruh Proletariat

Hasta ahora, todas las formas de sociedad se han basado, como ya hemos visto, en el antagonismo de las clases opresoras y oprimidas

Sehingga kini, setiap bentuk masyarakat telah berdasarkan, seperti yang telah kita lihat, pada antagonisme kelas yang menindas dan ditindas

Pero para oprimir a una clase, hay que asegurarle ciertas condiciones

Tetapi untuk menindas kelas, syarat-syarat tertentu mesti dijamin kepadanya

La clase debe ser mantenida en condiciones en las que pueda, por lo menos, continuar su existencia servil

kelas mesti disimpan di bawah keadaan di mana ia boleh, sekurang-kurangnya, meneruskan kewujudannya yang seperti hamba

El siervo, en el período de la servidumbre, se elevaba a la comuna

Hamba, dalam tempoh perhambaan, menaikkan dirinya kepada keahlian dalam komune

del mismo modo que la pequeña burguesía, bajo el yugo del absolutismo feudal, logró convertirse en burguesía

sama seperti Borjuasi kecil, di bawah kuk absolutisme feudal, berjaya berkembang menjadi Borjuasi

El obrero moderno, por el contrario, en lugar de elevarse con el progreso de la industria, se hunde cada vez más

Buruh moden, sebaliknya, bukannya bangkit dengan kemajuan industri, tenggelam lebih dalam dan lebih dalam

se hunde por debajo de las condiciones de existencia de su propia clase

dia tenggelam di bawah syarat kewujudan kelasnya sendiri

Se convierte en un indigente, y el pauperismo se desarrolla más rápidamente que la población y la riqueza

Dia menjadi orang miskin, dan kemiskinan berkembang lebih cepat daripada penduduk dan kekayaan

Y aquí se hace evidente que la burguesía ya no es apta para ser la clase dominante de la sociedad

Dan di sini menjadi jelas, bahawa Borjuasi tidak lagi layak untuk menjadi kelas pemerintah dalam masyarakat

y no es apta para imponer sus condiciones de existencia a la sociedad como una ley imperativa

dan adalah tidak sesuai untuk mengenakan syarat-syarat kewujudannya ke atas masyarakat sebagai undang-undang yang mengatasi

Es incapaz de gobernar porque es incapaz de asegurar una existencia a su esclavo dentro de su esclavitud

Ia tidak layak untuk memerintah kerana ia tidak cekap untuk menjamin kewujudan kepada hambanya dalam perhambaannya

porque no puede evitar dejarlo hundirse en tal estado, que tiene que alimentarlo, en lugar de ser alimentado por él

kerana ia tidak dapat membantu membiarkannya tenggelam ke dalam keadaan sedemikian, sehingga ia perlu memberinya makan, bukannya diberi makan olehnya

La sociedad ya no puede vivir bajo esta burguesía

Masyarakat tidak lagi boleh hidup di bawah Borjuasi ini

En otras palabras, su existencia ya no es compatible con la sociedad
Dalam erti kata lain, kewujudannya tidak lagi serasi dengan masyarakat

La condición esencial para la existencia y el dominio de la burguesía es la formación y el aumento del capital
Syarat penting untuk kewujudan, dan untuk pengaruh kelas Borjuasi, ialah pembentukan dan penambahan modal

La condición del capital es el trabajo asalariado
Syarat untuk modal ialah buruh upah

El trabajo asalariado se basa exclusivamente en la competencia entre los trabajadores
Buruh upah terletak secara eksklusif pada persaingan antara buruh

El avance de la industria, cuyo promotor involuntario es la burguesía, sustituye al aislamiento de los obreros
Kemajuan industri, yang penganjur sukarelanya ialah Borjuasi, menggantikan pengasingan buruh

por la competencia, por su combinación revolucionaria, por la asociación
kerana persaingan, kerana gabungan revolusioner mereka, kerana persatuan

El desarrollo de la industria moderna corta bajo sus pies los cimientos mismos sobre los cuales la burguesía produce y se apropia de los productos
Perkembangan Industri Moden memotong dari bawah kakinya asas di mana Borjuasi menghasilkan dan memperuntukkan produk

Lo que la burguesía produce, sobre todo, son sus propios sepultureros
Apa yang dihasilkan oleh Borjuasi, di atas segalanya, ialah penggali kuburnya sendiri

La caída de la burguesía y la victoria del proletariado son igualmente inevitables
Kejatuhan Borjuasi dan kemenangan Proletariat adalah sama tidak dapat dielakkan

Proletarios y comunistas
Proletar dan Komunis

¿Qué relación tienen los comunistas con el conjunto de los proletarios?

Dalam hubungan apakah Komunis berdiri dengan proletar secara keseluruhan?

Los comunistas no forman un partido separado opuesto a otros partidos de la clase obrera

Komunis tidak membentuk parti berasingan yang menentang parti kelas pekerja yang lain

No tienen intereses separados y aparte de los del proletariado en su conjunto

Mereka tidak mempunyai kepentingan yang berasingan dan terpisah daripada kepentingan proletariat secara keseluruhan

No establecen ningún principio sectario propio, con el cual dar forma y moldear el movimiento proletario

Mereka tidak menubuhkan apa-apa prinsip mazhab mereka sendiri, yang dengannya untuk membentuk dan membentuk gerakan proletar

Los comunistas se distinguen de los demás partidos obreros sólo por dos cosas

Komunis dibezakan daripada parti kelas pekerja yang lain hanya dengan dua perkara

En primer lugar, señalan y ponen en primer plano los intereses comunes de todo el proletariado, independientemente de toda nacionalidad

Pertama, mereka menunjukkan dan membawa ke hadapan kepentingan bersama seluruh proletariat, secara bebas daripada semua kewarganegaraan

Esto lo hacen en las luchas nacionales de los proletarios de los diferentes países

ini mereka lakukan dalam perjuangan nasional proletar dari negara-negara yang berbeza

En segundo lugar, siempre y en todas partes representan los intereses del movimiento en su conjunto

Kedua, mereka sentiasa dan di mana-mana mewakili
kepentingan pergerakan secara keseluruhan

**esto lo hacen en las diversas etapas de desarrollo por las que
tiene que pasar la lucha de la clase obrera contra la
burguesía**

ini mereka lakukan dalam pelbagai peringkat pembangunan,
yang perlu dilalui oleh perjuangan kelas pekerja menentang
Borjuasi

**Los comunistas son, por lo tanto, por una parte,
prácticamente, el sector más avanzado y resuelto de los
partidos obreros de todos los países**

Oleh itu, Komunis adalah di satu pihak, secara praktikal,
bahagian yang paling maju dan tegas dalam parti-parti kelas
pekerja di setiap negara

**Son ese sector de la clase obrera que empuja hacia adelante a
todos los demás**

mereka adalah bahagian kelas pekerja yang mendorong
semua yang lain

**Teóricamente, también tienen la ventaja de entender
claramente la línea de marcha**

Secara teorinya, mereka juga mempunyai kelebihan untuk
memahami dengan jelas garis perarakan

**Esto lo comprenden mejor comparado con la gran masa del
proletariado**

Ini mereka lebih faham berbanding jisim besar proletariat

**Comprenden las condiciones y los resultados generales
finales del movimiento proletario**

mereka memahami keadaan, dan hasil umum muktamad
gerakan proletar

**El objetivo inmediato del comunista es el mismo que el de
todos los demás partidos proletarios**

Matlamat segera Komunis adalah sama dengan semua parti
proletar yang lain

Su objetivo es la formación del proletariado en una clase

matlamat mereka ialah pembentukan proletariat ke dalam
kelas

su objetivo es derrocar la supremacía burguesa

mereka berhasrat untuk menggulingkan ketuanan Borjuasi

la lucha por la conquista del poder político por el proletariado

usaha untuk penaklukan kuasa politik oleh proletariat

Las conclusiones teóricas de los comunistas no se basan en modo alguno en ideas o principios de reformadores

Kesimpulan teori Komunis sama sekali tidak berdasarkan idea atau prinsip reformis

no fueron los aspirantes a reformadores universales los que inventaron o descubrieron las conclusiones teóricas de los comunistas

bukan bakal pembaharu sejagat yang mencipta atau menemui kesimpulan teori Komunis

Se limitan a expresar, en términos generales, las relaciones reales que surgen de una lucha de clases existente

Mereka hanya menyatakan, secara umum, hubungan sebenar yang timbul daripada perjuangan kelas yang sedia ada

Y describen el movimiento histórico que está ocurriendo ante nuestros propios ojos y que ha creado esta lucha de clases

dan mereka menggambarkan pergerakan sejarah yang berlaku di bawah mata kita yang telah mewujudkan perjuangan kelas ini

La abolición de las relaciones de propiedad existentes no es en absoluto un rasgo distintivo del comunismo

Pemansuhan hubungan harta sedia ada sama sekali bukan ciri khas Komunisme

Todas las relaciones de propiedad en el pasado han estado continuamente sujetas a cambios históricos

Semua hubungan harta pada masa lalu terus tertakluk kepada perubahan sejarah

y estos cambios fueron consecuencia del cambio en las condiciones históricas

dan perubahan ini adalah akibat daripada perubahan dalam keadaan sejarah

La Revolución Francesa, por ejemplo, abolió la propiedad feudal en favor de la propiedad burguesa

Revolusi Perancis, sebagai contoh, memansuhkan harta feudal dan memihak kepada harta Borjuasi

El rasgo distintivo del comunismo no es la abolición de la propiedad, en general

Ciri yang membezakan Komunisme bukanlah pemansuhan harta, secara amnya

pero el rasgo distintivo del comunismo es la abolición de la propiedad burguesa

tetapi ciri yang membezakan Komunisme ialah pemansuhan harta Borjuasi

Pero la propiedad privada de la burguesía moderna es la expresión última y más completa del sistema de producción y apropiación de productos

Tetapi harta persendirian Borjuasi moden adalah ungkapan terakhir dan paling lengkap dari sistem menghasilkan dan memperuntukkan produk

Es el estado final de un sistema que se basa en los antagonismos de clase, donde el antagonismo de clase es la explotación de la mayoría por unos pocos

Ia adalah keadaan akhir sistem yang berdasarkan antagonisme kelas, di mana antagonisme kelas adalah eksploitasi ramai oleh segelintir orang

En este sentido, la teoría de los comunistas puede resumirse en una sola frase; la abolición de la propiedad privada

Dalam pengertian ini, teori Komunis boleh disimpulkan dalam satu ayat; pemansuhan harta persendirian

A los comunistas se nos ha reprochado el deseo de abolir el derecho de adquirir personalmente la propiedad

Kami Komunis telah dicela dengan keinginan untuk memansuhkan hak memperoleh harta secara peribadi

Se afirma que esta propiedad es el fruto del propio trabajo de un hombre

Didakwa bahawa harta ini adalah hasil kerja manusia sendiri

y se alega que esta propiedad es la base de toda libertad, actividad e independencia personal.

dan harta ini didakwa menjadi asas kepada semua kebebasan peribadi, aktiviti dan kemerdekaan.

"¡Propiedad ganada con esfuerzo, adquirida por uno mismo, ganada por uno mismo!"

"Harta yang dimenangi dengan susah payah, diperoleh sendiri, diperoleh sendiri!"

¿Te refieres a la propiedad del pequeño artesano y del pequeño campesino?

Adakah anda maksudkan harta tukang kecil dan petani kecil?

¿Te refieres a una forma de propiedad que precedió a la forma burguesa?

Adakah anda maksudkan satu bentuk harta yang mendahului bentuk Borjuasi?

No hay necesidad de abolir eso, el desarrollo de la industria ya lo ha destruido en gran medida

Tidak perlu memansuhkannya, pembangunan industri sebahagian besarnya telah memusnahkannya

y el desarrollo de la industria sigue destruyéndola diariamente

dan pembangunan industri masih memusnahkannya setiap hari

¿O te refieres a la propiedad privada de la burguesía moderna?

Atau adakah anda maksudkan harta persendirian Borjuasi moden?

Pero, ¿crea el trabajo asalariado alguna propiedad para el trabajador?

Tetapi adakah buruh upah mencipta apa-apa harta untuk buruh?

¡No, el trabajo asalariado no crea ni una pizca de este tipo de propiedad!

Tidak, buruh upah tidak mencipta sedikit pun daripada harta seperti ini!

Lo que sí crea el trabajo asalariado es capital; ese tipo de propiedad que explota el trabajo asalariado
apa yang dicipta oleh buruh upah ialah modal; jenis harta yang mengeksploitasi buruh upah
El capital no puede aumentar sino a condición de engendrar una nueva oferta de trabajo asalariado para una nueva explotación
modal tidak boleh meningkat kecuali dengan syarat melahirkan bekalan buruh upah baru untuk eksploitasi baru
La propiedad, en su forma actual, se basa en el antagonismo entre el capital y el trabajo asalariado
Harta, dalam bentuknya sekarang, adalah berdasarkan antagonisme modal dan buruh upah
Examinemos los dos lados de este antagonismo
Mari kita periksa kedua-dua belah antagonisme ini
Ser capitalista es tener no sólo un estatus puramente personal
Menjadi seorang kapitalis bukan sahaja mempunyai status peribadi semata-mata
En cambio, ser capitalista es también tener un estatus social en la producción
sebaliknya, menjadi kapitalis juga mempunyai status sosial dalam pengeluaran
porque el capital es un producto colectivo; Sólo mediante la acción unida de muchos miembros puede ponerse en marcha
kerana modal adalah produk kolektif; Hanya dengan tindakan bersatu ramai ahli boleh digerakkan
Pero esta acción unida es el último recurso, y en realidad requiere de todos los miembros de la sociedad
Tetapi tindakan bersatu ini adalah pilihan terakhir, dan sebenarnya memerlukan semua ahli masyarakat
El capital se convierte en propiedad de todos los miembros de la sociedad
Modal memang ditukar kepada harta semua ahli masyarakat
pero el Capital no es, por lo tanto, un poder personal; Es un poder social

tetapi Modal, oleh itu, bukan kuasa peribadi; ia adalah kuasa sosial

Así, cuando el capital se convierte en propiedad social, la propiedad personal no se transforma en propiedad social

Jadi apabila modal ditukar kepada harta sosial, harta peribadi tidak diubah menjadi harta sosial

Lo único que cambia es el carácter social de la propiedad y pierde su carácter de clase

Ia hanya watak sosial harta yang berubah, dan kehilangan watak kelasnya

Veamos ahora el trabajo asalariado

Sekarang mari kita lihat buruh upah

El precio medio del trabajo asalariado es el salario mínimo, es decir, la cantidad de medios de subsistencia

Harga purata buruh upah ialah gaji minimum, iaitu, kuantum sara hidup

Este salario es absolutamente necesario en la mera existencia de un obrero

Gaji ini benar-benar diperlukan dalam kewujudan kosong sebagai buruh

Por lo tanto, lo que el asalariado se apropia por medio de su trabajo, sólo basta para prolongar y reproducir una existencia desnuda

Oleh itu, apa yang diperuntukkan oleh buruh upah melalui kerjanya, hanya mencukupi untuk memanjangkan dan menghasilkan semula kewujudan kosong

De ninguna manera pretendemos abolir esta apropiación personal de los productos del trabajo

Kami sama sekali tidak berhasrat untuk memansuhkan perampasan peribadi produk buruh ini

una apropiación que se hace para el mantenimiento y la reproducción de la vida humana

peruntukan yang dibuat untuk penyelenggaraan dan pembiakan kehidupan manusia

Tal apropiación personal de los productos del trabajo no deja ningún excedente con el que ordenar el trabajo de otros

perampasan peribadi produk buruh sedemikian tidak meninggalkan lebihan untuk memerintahkan buruh orang lain

Lo único que queremos eliminar es el carácter miserable de esta apropiación

Apa yang kita mahu hapuskan, ialah watak menyedihkan peruntukan ini

la apropiación bajo la cual vive el obrero sólo para aumentar el capital

peruntukan di mana buruh hidup semata-mata untuk meningkatkan modal

Sólo se le permite vivir en la medida en que lo exija el interés de la clase dominante

dia dibenarkan hidup hanya setakat kepentingan kelas pemerintah memerlukannya

En la sociedad burguesa, el trabajo vivo no es más que un medio para aumentar el trabajo acumulado

Dalam masyarakat Borjuasi, buruh hidup hanyalah satu cara untuk meningkatkan buruh terkumpul

En la sociedad comunista, el trabajo acumulado no es más que un medio para ampliar, para enriquecer y para promover la existencia del obrero

Dalam masyarakat Komunis, buruh terkumpul hanyalah satu cara untuk meluaskan, memperkaya, mempromosikan kewujudan buruh

En la sociedad burguesa, por lo tanto, el pasado domina al presente

Oleh itu, dalam masyarakat Borjuasi, masa lalu mendominasi masa kini

en la sociedad comunista el presente domina al pasado

dalam masyarakat Komunis masa kini mendominasi masa lalu

En la sociedad burguesa el capital es independiente y tiene individualidad

Dalam masyarakat borjuasi, modal adalah bebas dan mempunyai keperibadian

En la sociedad burguesa la persona viva es dependiente y no tiene individualidad

Dalam masyarakat Borjuasi, orang yang hidup bergantung dan tidak mempunyai keperibadian

¡Y la abolición de este estado de cosas es llamada por la burguesía, abolición de la individualidad y de la libertad!

Dan pemansuhan keadaan ini dipanggil oleh Borjuasi, pemansuhan keperibadian dan kebebasan!

¡Y con razón se llama la abolición de la individualidad y de la libertad!

Dan ia betul-betul dipanggil pemansuhan keperibadian dan kebebasan!

El comunismo aspira a la abolición de la individualidad burguesa

Komunisme bertujuan untuk menghapuskan keperibadian Borjuasi

El comunismo pretende la abolición de la independencia burguesa

Komunisme berhasrat untuk pemansuhan kemerdekaan Borjuasi

La libertad burguesa es, sin duda, a lo que aspira el comunismo

Kebebasan borjuasi sudah pasti apa yang disasarkan oleh komunisme

en las actuales condiciones de producción de la burguesía, la libertad significa libre comercio, libre venta y compra

di bawah syarat-syarat pengeluaran Borjuasi sekarang, kebebasan bermaksud perdagangan bebas, penjualan dan pembelian bebas

Pero si desaparece la venta y la compra, también desaparece la libre venta y la compra

Tetapi jika jual dan beli hilang, jual dan beli percuma juga hilang

Las "palabras valientes" de la burguesía sobre la libre venta y compra sólo tienen sentido en un sentido limitado

"kata-kata berani" oleh Borjuasi tentang penjualan dan pembelian percuma hanya mempunyai makna dalam erti kata yang terhad

Estas palabras tienen significado solo en contraste con la venta y la compra restringidas

Perkataan-perkataan ini hanya mempunyai makna berbeza dengan penjualan dan pembelian terhad

y estas palabras sólo tienen sentido cuando se aplican a los comerciantes encadenados de la Edad Media

dan kata-kata ini hanya mempunyai makna apabila digunakan kepada pedagang yang terbelenggu pada Zaman Pertengahan

y eso supone que estas palabras incluso tienen un significado en un sentido burgués

dan itu menganggap kata-kata ini mempunyai makna dalam erti kata Borjuasi

pero estas palabras no tienen ningún significado cuando se usan para oponerse a la abolición comunista de la compra y venta

tetapi kata-kata ini tidak mempunyai makna apabila ia digunakan untuk menentang pemansuhan Komunis untuk membeli dan menjual

las palabras no tienen sentido cuando se usan para oponerse a la abolición de las condiciones de producción de la burguesía

perkataan itu tidak mempunyai makna apabila ia digunakan untuk menentang syarat pengeluaran Borjuasi yang dimansuhkan

y no tienen ningún sentido cuando se utilizan para oponerse a la abolición de la propia burguesía

dan mereka tidak mempunyai makna apabila mereka digunakan untuk menentang Borjuasi itu sendiri dimansuhkan

Ustedes están horrorizados de nuestra intención de acabar con la propiedad privada

Anda ngeri dengan niat kami untuk menghapuskan harta persendirian

Pero en la sociedad actual, la propiedad privada ya ha sido eliminada para las nueve décimas partes de la población

Tetapi dalam masyarakat sedia ada anda, harta persendirian telah dihapuskan untuk sembilan persepuluh daripada penduduk

La existencia de la propiedad privada para unos pocos se debe únicamente a su inexistencia en manos de las nueve décimas partes de la población

Kewujudan harta persendirian untuk segelintir orang adalah semata-mata kerana ketiadaannya di tangan sembilan persepuluh daripada penduduk

Por lo tanto, nos reprochas que pretendamos acabar con una forma de propiedad

Oleh itu, anda mencela kami dengan niat untuk menghapuskan satu bentuk harta

Pero la propiedad privada requiere la inexistencia de propiedad alguna para la inmensa mayoría de la sociedad

tetapi harta persendirian memerlukan ketiadaan apa-apa harta untuk majoriti besar masyarakat

En una palabra, nos reprochas que pretendamos acabar con tu propiedad

Dalam satu perkataan, anda mencela kami dengan niat untuk menghapuskan harta benda anda

Y es precisamente así; prescindir de su propiedad es justo lo que pretendemos

Dan memang begitu; menghapuskan Harta anda adalah apa yang kami mahukan

Desde el momento en que el trabajo ya no puede convertirse en capital, dinero o renta

Dari saat buruh tidak lagi boleh ditukar kepada modal, wang, atau sewa

cuando el trabajo ya no puede convertirse en un poder social capaz de ser monopolizado

apabila buruh tidak lagi boleh ditukar kepada kuasa sosial
yang mampu dimonopoli

**desde el momento en que la propiedad individual ya no
puede transformarse en propiedad burguesa**

dari saat apabila harta individu tidak lagi boleh diubah
menjadi harta Borjuasi

**desde el momento en que la propiedad individual ya no
puede transformarse en capital**

dari saat harta individu tidak lagi boleh diubah menjadi
modal

**A partir de ese momento, dices que la individualidad se
desvanece**

dari saat itu, anda mengatakan keperibadian lenyap

**Debéis confesar, pues, que por "individuo" no os referimos a
otra persona que a la burguesía**

Oleh itu, anda mesti mengaku bahawa dengan "individu"
anda tidak bermaksud orang lain selain Borjuasi

**Debes confesar que se refiere específicamente al propietario
de una propiedad de clase media**

anda mesti mengaku ia secara khusus merujuk kepada
pemilik harta kelas pertengahan

**Esta persona debe, en verdad, ser barrida del camino, y
hecha imposible**

Orang ini, sememangnya, mesti disapu keluar dari jalan, dan
dibuat mustahil

**El comunismo no priva a ningún hombre del poder de
apropiarse de los productos de la sociedad**

Komunisme tidak melucutkan kuasa manusia untuk
mengambil produk masyarakat

**todo lo que hace el comunismo es privarlo del poder de
subyugar el trabajo de otros por medio de tal apropiación**

apa yang dilakukan oleh Komunisme adalah untuk
melucutkan kuasanya untuk menundukkan kerja orang lain
melalui peruntukan sedemikian

**Se ha objetado que, tras la abolición de la propiedad
privada, cesará todo trabajo**

Telah dibantah bahawa apabila pemansuhan harta
persendirian semua kerja akan dihentikan
**y entonces se sugiere que la pereza universal se apoderará de
nosotros**
dan kemudian dicadangkan bahawa kemalasan sejagat akan
mengatasi kita
**De acuerdo con esto, la sociedad burguesa debería haber ido
hace mucho tiempo a los perros por pura ociosidad**
Menurut ini, masyarakat Borjuasi sepatutnya lama dahulu
pergi kepada anjing melalui kemalasan semata-mata
**porque los de sus miembros que trabajan, no adquieren
nada**
kerana ahli-ahlinya yang bekerja, tidak memperoleh apa-apa
y los de sus miembros que adquieren algo, no trabajan
dan ahli-ahlinya yang memperoleh apa-apa, tidak bekerja
**Toda esta objeción no es más que otra expresión de la
tautología**
Keseluruhan bantahan ini hanyalah satu lagi ungkapan
tautologi
**Ya no puede haber trabajo asalariado cuando ya no hay
capital**
tidak boleh ada lagi buruh upah apabila tiada lagi modal
**No hay diferencia entre los productos materiales y los
productos mentales**
Tiada perbezaan antara produk material dan produk mental
**El comunismo propone que ambos se producen de la misma
manera**
Komunisme mencadangkan kedua-duanya dihasilkan dengan
cara yang sama
**pero las objeciones contra los modos comunistas de
producirlos son las mismas**
tetapi bantahan terhadap cara Komunis untuk
menghasilkannya adalah sama
**para la burguesía, la desaparición de la propiedad de clase es
la desaparición de la producción misma**

bagi Borjuasi, kehilangan harta kelas adalah kehilangan
pengeluaran itu sendiri

De modo que la desaparición de la cultura de clase es para él
idéntica a la desaparición de toda cultura

jadi kehilangan budaya kelas baginya adalah sama dengan
kehilangan semua budaya

Esa cultura, cuya pérdida lamenta, es para la inmensa
mayoría un mero entrenamiento para actuar como una
máquina

Budaya itu, kehilangan yang dia keluhkan, bagi sebahagian
besar adalah latihan semata-mata untuk bertindak sebagai
mesin

Los comunistas tienen la firme intención de abolir la cultura
de la propiedad burguesa

Komunis sangat berhasrat untuk menghapuskan budaya harta
borjuasi

Pero no discutan con nosotros mientras apliquen el estándar
de sus nociones burguesas de libertad, cultura, ley, etc

Tetapi jangan bertengkar dengan kami selagi anda
menggunakan standard tanggapan Borjuasi anda tentang
kebebasan, budaya, undang-undang, dll

Vuestras mismas ideas no son más que el resultado de las
condiciones de la producción burguesa y de la propiedad
burguesa

Idea anda hanyalah hasil daripada keadaan pengeluaran
Borjuasi dan harta Borjuasi anda

del mismo modo que vuestra jurisprudencia no es más que
la voluntad de vuestra clase convertida en ley para todos

sama seperti perundangan anda hanyalah kehendak kelas
anda yang dijadikan undang-undang untuk semua

El carácter esencial y la dirección de esta voluntad están
determinados por las condiciones económicas que crea su
clase social

Watak dan hala tuju penting ini ditentukan oleh keadaan
ekonomi yang dicipta oleh kelas sosial anda

El concepto erróneo egoísta que te induce a transformar las formas sociales en leyes eternas de la naturaleza y de la razón

Salah tanggapan mementingkan diri sendiri yang mendorong anda untuk mengubah bentuk sosial menjadi undang-undang alam dan akal yang kekal

las formas sociales que brotan de vuestro actual modo de producción y de vuestra forma de propiedad

bentuk sosial yang timbul daripada cara pengeluaran dan bentuk harta anda sekarang

relaciones históricas que surgen y desaparecen en el progreso de la producción

hubungan sejarah yang meningkat dan hilang dalam kemajuan pengeluaran

Este concepto erróneo lo compartes con todas las clases dominantes que te han precedido

salah tanggapan ini anda berkongsi dengan setiap kelas pemerintah yang telah mendahului anda

Lo que se ve claramente en el caso de la propiedad antigua, lo que se admite en el caso de la propiedad feudal

Apa yang anda lihat dengan jelas dalam kes harta purba, apa yang anda akui dalam kes harta feudal

estas cosas, por supuesto, le está prohibido admitir en el caso de su propia forma burguesa de propiedad

perkara-perkara ini sudah tentu anda dilarang untuk mengakui dalam kes bentuk harta Borjuasi anda sendiri

¡Abolición de la familia! Hasta los más radicales estallan ante esta infame propuesta de los comunistas

Pemansuhan keluarga! Malah yang paling radikal menyala pada cadangan Komunis yang terkenal ini

¿Sobre qué base se asienta la familia actual, la familia Bourgeoisie?

Atas asas apakah keluarga sekarang, keluarga Borjuasi, berasaskan?

La base de la familia actual se basa en el capital y la ganancia privada

Asas keluarga sekarang adalah berdasarkan modal dan
keuntungan persendirian

**En su forma completamente desarrollada, esta familia sólo
existe entre la burguesía**

Dalam bentuknya yang dibangunkan sepenuhnya, keluarga
ini hanya wujud di kalangan Borjuasi

**Este estado de cosas encuentra su complemento en la
ausencia práctica de la familia entre los proletarios**

keadaan ini menemui pelengkapnya dalam ketiadaan
praktikal keluarga di kalangan proletar

**Este estado de cosas se puede encontrar en la prostitución
pública**

keadaan ini boleh didapati dalam pelacuran awam

**La familia Bourgeoisie se desvanecerá como algo natural
cuando su complemento se desvanezca**

Keluarga Borjuasi akan lenyap sebagai perkara biasa apabila
pelengkapnya lenyap

y ambos se desvanecerán con la desaparición del capital

dan kedua-dua kehendak ini akan lenyap dengan lenyapnya
modal

**¿Nos acusan de querer detener la explotación de los niños
por parte de sus padres?**

Adakah anda menuduh kami mahu menghentikan eksploitasi
kanak-kanak oleh ibu bapa mereka?

De este crimen nos declaramos culpables

Untuk jenayah ini kami mengaku bersalah

**Pero, dirás, destruimos la más sagrada de las relaciones,
cuando reemplazamos la educación en el hogar por la
educación social**

Tetapi, anda akan berkata, kita memusnahkan hubungan yang
paling suci, apabila kita menggantikan pendidikan di rumah
dengan pendidikan sosial

**¿No es también social su educación? ¿Y no está determinado
por las condiciones sociales en las que se educa?**

Adakah pendidikan anda juga tidak sosial? Dan bukankah ia
ditentukan oleh keadaan sosial di mana anda mendidik?

por la intervención, directa o indirecta, de la sociedad, por medio de las escuelas, etc.
melalui campur tangan, langsung atau tidak langsung, masyarakat, melalui sekolah, dsb.

Los comunistas no han inventado la intervención de la sociedad en la educación
Komunis tidak mencipta campur tangan masyarakat dalam pendidikan

lo único que pretenden es alterar el carácter de esa intervención
mereka hanya berusaha untuk mengubah watak campur tangan itu

y buscan rescatar la educación de la influencia de la clase dominante
dan mereka berusaha untuk menyelamatkan pendidikan daripada pengaruh kelas pemerintah

La burguesía habla de la sagrada correlación entre padres e hijos
Perbincangan Borjuasi tentang hubungan bersama yang suci antara ibu bapa dan anak

pero esta trampa sobre la familia y la educación se vuelve aún más repugnante cuando miramos a la industria moderna
tetapi perangkap tepukan tentang keluarga dan pendidikan ini menjadi lebih menjijikkan apabila kita melihat Industri Moden

Todos los lazos familiares entre los proletarios son desgarrados por la industria moderna
Semua hubungan keluarga di kalangan proletar terkoyak oleh industri moden

Sus hijos se transforman en simples artículos de comercio e instrumentos de trabajo
anak-anak mereka diubah menjadi barang perdagangan dan instrumen buruh yang ringkas

Pero vosotros, los comunistas, creáis una comunidad de mujeres, grita a coro toda la burguesía

Tetapi anda Komunis akan mewujudkan komuniti wanita, menjerit seluruh Borjuasi dalam korus

La burguesía ve en su mujer un mero instrumento de producción

Borjuasi melihat dalam isterinya sebagai alat pengeluaran semata-mata

Oye que los instrumentos de producción deben ser explotados por todos

Dia mendengar bahawa instrumen pengeluaran akan dieksploitasi oleh semua

Y, naturalmente, no puede llegar a otra conclusión que la de que la suerte de ser común a todos recaerá igualmente en las mujeres

dan, secara semula jadi, dia tidak boleh membuat kesimpulan lain selain bahawa nasib yang biasa kepada semua juga akan jatuh kepada wanita

Ni siquiera sospecha que el verdadero objetivo es acabar con la condición de la mujer como meros instrumentos de producción

Dia tidak mempunyai syak wasangka bahawa perkara sebenar adalah untuk menghapuskan status wanita sebagai alat pengeluaran semata-mata

Por lo demás, nada es más ridículo que la virtuosa indignación de nuestra burguesía contra la comunidad de mujeres

Selebihnya, tidak ada yang lebih tidak masuk akal daripada kemarahan borjuasi kita terhadap komuniti wanita

pretenden que sea abierta y oficialmente establecida por los comunistas

mereka berpura-pura ia ditubuhkan secara terbuka dan rasmi oleh Komunis

Los comunistas no tienen necesidad de introducir la comunidad de mujeres, ha existido casi desde tiempos inmemoriales

Komunis tidak perlu memperkenalkan komuniti wanita, ia telah wujud hampir sejak dahulu lagi

Nuestra burguesía no se contenta con tener a su disposición a las mujeres e hijas de sus proletarios

Borjuasi kita tidak berpuas hati dengan mempunyai isteri dan anak perempuan proletar mereka di pelupusan mereka

Tienen el mayor placer en seducir a las esposas de los demás

mereka sangat senang menggoda isteri masing-masing

Y eso sin hablar de las prostitutas comunes

dan itu tidak bercakap tentang pelacur biasa

El matrimonio burgués es en realidad un sistema de esposas en común

Perkahwinan borjuasi pada hakikatnya adalah sistem isteri yang sama

entonces hay una cosa que se podría reprochar a los comunistas

maka ada satu perkara yang mungkin dicela oleh Komunis

Desean introducir una comunidad de mujeres abiertamente legalizada

mereka berhasrat untuk memperkenalkan komuniti wanita yang disahkan secara terbuka

en lugar de una comunidad de mujeres hipócritamente oculta

bukannya komuniti wanita yang tersembunyi secara munafik

la comunidad de mujeres que surgen del sistema de producción

komuniti wanita yang muncul daripada sistem pengeluaran

abolid el sistema de producción y abolid la comunidad de mujeres

menghapuskan sistem pengeluaran, dan anda menghapuskan komuniti wanita

Se suprime la prostitución pública y la prostitución privada

kedua-dua pelacuran awam dimansuhkan, dan pelacuran persendirian

A los comunistas se les reprocha, además, que desean abolir los países y las nacionalidades

Komunis lebih dicela dengan keinginan untuk memansuhkan negara dan kewarganegaraan

Los trabajadores no tienen patria, así que no podemos quitarles lo que no tienen
Lelaki pekerja tidak mempunyai negara, jadi kita tidak boleh mengambil daripada mereka apa yang mereka tidak dapat

El proletariado debe, ante todo, adquirir la supremacía política
proletariat mesti terlebih dahulu memperoleh ketuanan politik

El proletariado debe elevarse para ser la clase dirigente de la nación
proletariat mesti bangkit menjadi kelas terkemuka negara

El proletariado debe constituirse en la nación
proletariat mesti membentuk dirinya sebagai negara

es, hasta ahora, nacional, aunque no en el sentido burgués de la palabra
ia, setakat ini, itu sendiri bersifat nasional, walaupun tidak dalam erti kata Borjuasi

Las diferencias nacionales y los antagonismos entre los pueblos desaparecen cada día más
Perbezaan dan permusuhan nasional antara orang-orang semakin lenyap setiap hari

debido al desarrollo de la burguesía, a la libertad de comercio, al mercado mundial
disebabkan oleh perkembangan Borjuasi, kebebasan perdagangan, kepada pasaran dunia

a la uniformidad en el modo de producción y en las condiciones de vida correspondientes
kepada keseragaman dalam cara pengeluaran dan dalam keadaan kehidupan yang sepadan dengannya

La supremacía del proletariado hará que desaparezcan aún más rápidamente
Ketuanan proletariat akan menyebabkan mereka lenyap lebih cepat

La acción unida, al menos de los principales países civilizados, es una de las primeras condiciones para la emancipación del proletariado

Tindakan bersatu, sekurang-kurangnya negara-negara bertamadun terkemuka, adalah salah satu syarat pertama untuk pembebasan proletariat

En la medida en que se ponga fin a la explotación de un individuo por otro, también se pondrá fin a la explotación de una nación por otra.

Dalam perkadaran apabila eksploitasi satu individu oleh yang lain ditamatkan, eksploitasi satu negara oleh negara lain juga akan ditamatkan

A medida que desaparezca el antagonismo entre las clases dentro de la nación, la hostilidad de una nación hacia otra llegará a su fin

Dalam perkadaran apabila permusuhan antara kelas dalam negara lenyap, permusuhan satu negara terhadap negara lain akan berakhir

Las acusaciones contra el comunismo hechas desde un punto de vista religioso, filosófico y, en general, ideológico, no merecen un examen serio

Tuduhan terhadap Komunisme yang dibuat daripada agama, falsafah, dan, secara amnya, dari sudut ideologi, tidak patut diperiksa secara serius

¿Se requiere una intuición profunda para comprender que las ideas, puntos de vista y concepciones del hombre cambian con cada cambio en las condiciones de su existencia material?

Adakah ia memerlukan intuisi yang mendalam untuk memahami bahawa idea, pandangan dan konsep manusia berubah dengan setiap perubahan dalam keadaan kewujudan materialnya?

¿No es obvio que la conciencia del hombre cambia cuando cambian sus relaciones sociales y su vida social?

Bukankah jelas bahawa kesedaran manusia berubah apabila hubungan sosial dan kehidupan sosialnya berubah?

¿Qué otra cosa prueba la historia de las ideas sino que la producción intelectual cambia de carácter a medida que cambia la producción material?

Apa lagi yang dibuktikan oleh sejarah idea, daripada
pengeluaran intelektual mengubah wataknya mengikut
perkadaran apabila pengeluaran material diubah?

**Las ideas dominantes de cada época han sido siempre las
ideas de su clase dominante**

Idea yang memerintah setiap zaman pernah menjadi idea
kelas pemerintahnya

**Cuando se habla de ideas que revolucionan la sociedad, no
hace más que expresar un hecho**

Apabila orang bercakap tentang idea yang merevolusikan
masyarakat, mereka hanya menyatakan satu fakta

**Dentro de la vieja sociedad, se han creado los elementos de
una nueva**

Dalam masyarakat lama, unsur-unsur yang baru telah dicipta

**y que la disolución de las viejas ideas sigue el mismo ritmo
que la disolución de las viejas condiciones de existencia**

dan bahawa pembubaran idea-idea lama selaras dengan
pembubaran syarat-syarat lama kewujudan

**Cuando el mundo antiguo estaba en sus últimos estertores,
las religiones antiguas fueron vencidas por el cristianismo**

Apabila dunia purba berada dalam pergolakan terakhirnya,
agama-agama purba telah dikalahkan oleh agama Kristian

**Cuando las ideas cristianas sucumbieron en el siglo XVIII a
las ideas racionalistas, la sociedad feudal libró su batalla a
muerte contra la burguesía revolucionaria de entonces**

Apabila idea-idea Kristian tunduk pada abad ke-18 kepada
idea-idea rasionalis, masyarakat feudal berjuang dalam
pertempuran mautnya dengan Borjuasi revolusioner ketika itu

**Las ideas de la libertad religiosa y de la libertad de
conciencia no hacían más que expresar el dominio de la libre
competencia en el dominio del conocimiento**

Idea kebebasan beragama dan kebebasan hati nurani hanya
memberi ekspresi kepada pengaruh persaingan bebas dalam
domain pengetahuan

"Indudablemente", se dirá, "las ideas religiosas, morales, filosóficas y jurídicas se han modificado en el curso del desarrollo histórico"

"Tidak dinafikan," akan dikatakan, "idea-idea agama, moral, falsafah dan perundangan telah diubah suai dalam perjalanan perkembangan sejarah"

"Pero la religión, la filosofía de la moral, la ciencia política y el derecho, sobrevivieron constantemente a este cambio"

"Tetapi agama, falsafah moral, sains politik, dan undang-undang, sentiasa terselamat daripada perubahan ini"

"También hay verdades eternas, como la Libertad, la Justicia, etc."

"Terdapat juga kebenaran abadi, seperti Kebebasan, Keadilan, dll"

"Estas verdades eternas son comunes a todos los estados de la sociedad"

"Kebenaran kekal ini adalah perkara biasa bagi semua keadaan masyarakat"

"Pero el comunismo suprime las verdades eternas, suprime toda religión y toda moral"

"Tetapi Komunisme menghapuskan kebenaran abadi, ia menghapuskan semua agama, dan semua moral"

"Lo hace en lugar de constituirlos sobre una nueva base"

"Ia melakukan ini dan bukannya membentuk mereka secara baharu"

"Por lo tanto, actúa en contradicción con toda la experiencia histórica pasada"

"Oleh itu, ia bertindak bercanggah dengan semua pengalaman sejarah masa lalu"

¿A qué se reduce esta acusación?

Apakah tuduhan ini mengurangkan dirinya sendiri?

La historia de toda la sociedad pasada ha consistido en el desarrollo de antagonismos de clase

Sejarah semua masyarakat masa lalu telah terdiri daripada perkembangan antagonisme kelas

antagonismos que asumieron diferentes formas en diferentes épocas

antagonisme yang mengambil bentuk yang berbeza pada zaman yang berbeza

Pero cualquiera que sea la forma que hayan tomado, un hecho es común a todas las épocas pasadas

Tetapi apa jua bentuk yang mereka ambil, satu fakta adalah biasa untuk semua zaman lampau

la explotación de una parte de la sociedad por la otra

eksploitasi satu bahagian masyarakat oleh yang lain

No es de extrañar, pues, que la conciencia social de épocas pasadas se mueva dentro de ciertas formas comunes o ideas generales

Oleh itu, tidak hairanlah bahawa kesedaran sosial zaman lampau bergerak dalam bentuk umum tertentu, atau idea umum

(y eso a pesar de toda la multiplicidad y variedad que muestra)

(dan itu walaupun semua kepelbagaian dan kepelbagaian yang dipaparkannya)

y éstos no pueden desaparecer por completo sino con la desaparición total de los antagonismos de clase

dan ini tidak boleh lenyap sepenuhnya kecuali dengan hilangnya antagonisme kelas

La revolución comunista es la ruptura más radical con las relaciones tradicionales de propiedad

Revolusi Komunis adalah perpecahan paling radikal dengan hubungan harta tradisional

No es de extrañar que su desarrollo implique la ruptura más radical con las ideas tradicionales

Tidak hairanlah bahawa perkembangannya melibatkan perpecahan paling radikal dengan idea-idea tradisional

Pero dejemos de lado las objeciones de la burguesía al comunismo

Tetapi marilah kita selesai dengan bantahan Borjuasi terhadap Komunisme

Hemos visto más arriba el primer paso de la revolución de la clase obrera

Kita telah melihat di atas langkah pertama dalam revolusi oleh kelas pekerja

Hay que elevar al proletariado a la posición de gobernante, para ganar la batalla de la democracia

proletariat perlu dinaikkan ke kedudukan memerintah, untuk memenangi pertempuran demokrasi

El proletariado utilizará su supremacía política para arrebatar, poco a poco, todo el capital a la burguesía

Proletariat akan menggunakan ketuanan politiknya untuk merampas, secara berperingkat, semua modal daripada Borjuasi

centralizará todos los instrumentos de producción en manos del Estado

ia akan memusatkan semua instrumen pengeluaran di tangan Negara

En otras palabras, el proletariado organizado como clase dominante

Dalam erti kata lain, proletariat dianjurkan sebagai kelas pemerintah

y aumentará el total de las fuerzas productivas lo más rápidamente posible

dan ia akan meningkatkan jumlah daya produktif secepat mungkin

Por supuesto, al principio, esto no puede llevarse a cabo sino por medio de incursiones despóticas en los derechos de propiedad

Sudah tentu, pada mulanya, ini tidak boleh dilaksanakan kecuali melalui pencerobohan zalim terhadap hak harta

y tiene que lograrse en las condiciones de la producción burguesa

dan ia perlu dicapai atas syarat-syarat pengeluaran Borjuasi

Por lo tanto, se logra mediante medidas que parecen económicamente insuficientes e insostenibles

ia dicapai melalui langkah-langkah, oleh itu, yang kelihatan tidak mencukupi dari segi ekonomi dan tidak dapat dipertahankan

pero estos medios, en el curso del movimiento, se superan a sí mismos

tetapi ini bermakna, dalam perjalanan pergerakan, mengatasi diri mereka sendiri

Requieren nuevas incursiones en el viejo orden social

mereka memerlukan pencerobohan lebih lanjut ke atas tatanan sosial lama

y son ineludibles como medio de revolucionar por completo el modo de producción

dan mereka tidak dapat dielakkan sebagai cara untuk merevolusikan sepenuhnya cara pengeluaran

Por supuesto, estas medidas serán diferentes en los distintos países

Langkah-langkah ini sudah tentu berbeza di negara yang berbeza

Sin embargo, en los países más avanzados, lo siguiente será de aplicación bastante general

Namun begitu, di negara-negara yang paling maju, perkara berikut akan berlaku secara umum

1. Abolición de la propiedad de la tierra y aplicación de todas las rentas de la tierra a fines públicos.

1. Pemansuhan harta tanah dan penggunaan semua sewa tanah untuk tujuan awam.

2. Un fuerte impuesto progresivo o gradual sobre la renta.

2. Cukai pendapatan progresif atau bergraduat yang berat.

3. Abolición de todo derecho de herencia.

3. Pemansuhan semua hak warisan.

4. Confiscación de los bienes de todos los emigrantes y rebeldes.

4. Rampasan harta semua pendatang dan pemberontak.

5. Centralización del crédito en manos del Estado, por medio de un banco nacional de capital estatal y monopolio exclusivo.

5. Pemusatan kredit di tangan Negara, melalui bank negara dengan modal Negara dan monopoli eksklusif.

6. Centralización de los medios de comunicación y transporte en manos del Estado.

6. Pemusatan alat komunikasi dan pengangkutan di tangan Negara.

7. Ampliación de fábricas e instrumentos de producción propiedad del Estado

7. Peluasan kilang dan instrumen pengeluaran yang dimiliki oleh Kerajaan Negeri

la puesta en cultivo de tierras baldías y el mejoramiento del suelo en general de acuerdo con un plan común.

membawa ke dalam penanaman tanah terbiar, dan penambahbaikan tanah secara amnya mengikut rancangan bersama.

8. Igual responsabilidad de todos hacia el trabajo

8. Liabiliti yang sama semua kepada buruh

Establecimiento de ejércitos industriales, especialmente para la agricultura.

Penubuhan tentera perindustrian, terutamanya untuk pertanian.

9. Combinación de la agricultura con las industrias manufactureras

9. Gabungan pertanian dengan industri pembuatan

Abolición gradual de la distinción entre la ciudad y el campo, por una distribución más equitativa de la población en todo el país.

pemansuhan secara beransur-ansur perbezaan antara bandar dan desa, dengan pengagihan penduduk yang lebih sama rata di seluruh negara.

10. Educación gratuita para todos los niños en las escuelas públicas.

10. Pendidikan percuma untuk semua kanak-kanak di sekolah awam.

Abolición del trabajo infantil en las fábricas en su forma actual

Pemansuhan buruh kilang kanak-kanak dalam bentuknya
sekarang
Combinación de la educación con la producción industrial
Gabungan pendidikan dengan pengeluaran perindustrian
**Cuando, en el curso del desarrollo, las distinciones de clase
han desaparecido**
Apabila, dalam perjalanan pembangunan, perbezaan kelas
telah hilang
**y cuando toda la producción se ha concentrado en manos de
una vasta asociación de toda la nación**
dan apabila semua pengeluaran telah tertumpu di tangan
persatuan yang luas seluruh negara
entonces el poder público perderá su carácter político
maka kuasa awam akan kehilangan watak politiknya
**El poder político, propiamente dicho, no es más que el poder
organizado de una clase para oprimir a otra**
Kuasa politik, yang dipanggil, hanyalah kuasa tersusun satu
kelas untuk menindas yang lain
**Si el proletariado, en su lucha contra la burguesía, se ve
obligado, por la fuerza de las circunstancias, a organizarse
como clase**
Jika proletariat semasa persaingannya dengan Borjuasi
terpaksa, oleh kuasa keadaan, untuk mengatur dirinya sebagai
sebuah kelas
**si, por medio de una revolución, se convierte en la clase
dominante**
jika, melalui revolusi, ia menjadikan dirinya kelas pemerintah
**y, como tal, barre por la fuerza las viejas condiciones de
producción**
dan, oleh itu, ia menyapu secara paksa keadaan pengeluaran
lama
**entonces, junto con estas condiciones, habrá barrido las
condiciones para la existencia de los antagonismos de clase y
de las clases en general**

maka ia akan, bersama-sama dengan syarat-syarat ini, telah menyapu bersih syarat-syarat untuk kewujudan antagonisme kelas dan kelas secara amnya

y con ello habrá abolido su propia supremacía como clase.

dan dengan itu akan menghapuskan ketuanannya sendiri sebagai sebuah kelas.

En lugar de la vieja sociedad burguesa, con sus clases y sus antagonismos de clase, tendremos una asociación

Sebagai ganti masyarakat Borjuasi lama, dengan kelas dan antagonisme kelasnya, kita akan mempunyai persatuan

una asociación en la que el libre desarrollo de cada uno sea la condición para el libre desarrollo de todos

persatuan di mana pembangunan bebas masing-masing adalah syarat untuk pembangunan bebas semua

1) Socialismo reaccionario
1) Sosialisme Reaksioner

a) Socialismo feudal
a) Sosialisme Feudal

las aristocracias de Francia e Inglaterra tenían una posición histórica única
bangsawan Perancis dan England mempunyai kedudukan sejarah yang unik

se convirtió en su vocación escribir panfletos contra la sociedad burguesa moderna
ia menjadi kerjaya mereka untuk menulis risalah menentang masyarakat Borjuasi moden

En la Revolución Francesa de julio de 1830 y en la agitación reformista inglesa
Dalam revolusi Perancis pada Julai 1830, dan dalam pergolakan pembaharuan Inggeris

Estas aristocracias sucumbieron de nuevo ante el odioso advenedizo
bangsawan ini sekali lagi tunduk kepada pemula yang penuh kebencian

A partir de entonces, una contienda política seria quedó totalmente fuera de discusión
Sejak itu, pertandingan politik yang serius sama sekali tidak boleh dipersoalkan

Todo lo que quedaba posible era una batalla literaria, no una batalla real
Apa yang mungkin hanyalah pertempuran sastera, bukan pertempuran sebenar

Pero incluso en el dominio de la literatura, los viejos gritos del período de la restauración se habían vuelto imposibles
Tetapi walaupun dalam domain kesusasteraan, tangisan lama tempoh pemulihan telah menjadi mustahil

Para despertar simpatías, la aristocracia se vio obligada a perder de vista, aparentemente, sus propios intereses

Untuk membangkitkan simpati, bangsawan terpaksa kehilangan pandangan, nampaknya, kepentingan mereka sendiri

y se vieron obligados a formular su acusación contra la burguesía en interés de la clase obrera explotada

dan mereka diwajibkan untuk merumuskan dakwaan mereka terhadap Borjuasi demi kepentingan kelas pekerja yang dieksploitasi

Así, la aristocracia se vengó cantando sátiras a su nuevo amo

Oleh itu, golongan bangsawan membalas dendam dengan menyanyikan lampoon pada tuan baru mereka

y se vengaron susurrándole al oído siniestras profecías de catástrofe venidera

dan mereka membalas dendam dengan membisikkan di telinganya ramalan jahat tentang malapetaka yang akan datang

De esta manera surgió el socialismo feudal: mitad lamentación, mitad sátira

Dengan cara ini timbul Sosialisme Feudal: separuh ratapan, separuh lampoon

Sonaba como medio eco del pasado y proyectaba mitad amenaza del futuro

ia berbunyi sebagai separuh gema masa lalu, dan mengunjurkan separuh ancaman masa depan

a veces, con su crítica amarga, ingeniosa e incisiva, golpeó a la burguesía hasta la médula

kadang-kadang, dengan kritikannya yang pahit, lucu dan tajam, ia menyerang Borjuasi ke teras hati

pero siempre fue ridículo en su efecto, por su total incapacidad para comprender la marcha de la historia moderna

tetapi ia sentiasa menggelikan dalam kesannya, melalui ketidakupayaan total untuk memahami perarakan sejarah moden

La aristocracia, con el fin de atraer al pueblo hacia ellos, agitaba la bolsa de limosnas proletaria delante como una bandera

Bangsawan, untuk mengumpulkan rakyat kepada mereka, melambai-lambaikan beg sedekah proletar di hadapan untuk sepanduk

Pero el pueblo, tan a menudo como se unía a ellos, veía en sus cuartos traseros los antiguos escudos de armas feudales

Tetapi rakyat, begitu kerap menyertai mereka, melihat di bahagian belakang mereka jata feudal lama

y desertaron con carcajadas ruidosas e irreverentes

dan mereka meninggalkan dengan ketawa yang kuat dan tidak sopan

Un sector de los legitimistas franceses y de la "Joven Inglaterra" exhibió este espectáculo

Satu bahagian Legitimis Perancis dan "England Muda" mempamerkan tontonan ini

los feudales señalaban que su modo de explotación era diferente al de la burguesía

feudalis menunjukkan bahawa cara eksploitasi mereka berbeza dengan Borjuasi

Los feudales olvidan que explotaron en circunstancias y condiciones muy diferentes

Feudalis lupa bahawa mereka mengeksploitasi dalam keadaan dan keadaan yang agak berbeza

Y no se dieron cuenta de que tales métodos de explotación ahora son anticuados

dan mereka tidak perasan kaedah eksploitasi sedemikian kini sudah lapuk

demostraron que, bajo su gobierno, el proletariado moderno nunca existió

mereka menunjukkan bahawa, di bawah pemerintahan mereka, proletariat moden tidak pernah wujud

pero olvidan que la burguesía moderna es el vástago necesario de su propia forma de sociedad

tetapi mereka lupa bahawa Borjuasi moden adalah keturunan yang diperlukan dalam bentuk masyarakat mereka sendiri

Por lo demás, apenas ocultan el carácter reaccionario de su crítica

Selebihnya, mereka hampir tidak menyembunyikan watak reaksioner kritikan mereka

su principal acusación contra la burguesía es la siguiente

tuduhan utama mereka terhadap Borjuasi berjumlah seperti berikut

bajo el régimen de la burguesía se está desarrollando una clase social

di bawah rejim Borjuasi, kelas sosial sedang dibangunkan

Esta clase social está destinada a cortar de raíz el viejo orden de la sociedad

Kelas sosial ini ditakdirkan untuk memotong akar dan bercabang susunan lama masyarakat

Lo que reprochan a la burguesía no es tanto que cree un proletariado

Apa yang mereka kecewa dengan Borjuasi tidak begitu banyak sehingga ia mewujudkan proletariat

lo que reprochan a la burguesía es más bien que crea un proletariado revolucionario

apa yang mereka tegur dengan Borjuasi lebih-lebih lagi ia mewujudkan proletariat revolusioner

En la práctica política, por lo tanto, se unen a todas las medidas coercitivas contra la clase obrera

Oleh itu, dalam amalan politik, mereka menyertai semua langkah paksaan terhadap kelas pekerja

Y en la vida ordinaria, a pesar de sus frases altisonantes, se inclinan a recoger las manzanas de oro que caen del árbol de la industria

dan dalam kehidupan biasa, walaupun frasa mereka tinggi, mereka membungkuk untuk mengambil epal emas yang dijatuhkan dari pokok industri

y trocan la verdad, el amor y el honor por el comercio de lana, azúcar de remolacha y aguardiente de patata

dan mereka menukar kebenaran, cinta, dan kehormatan untuk perdagangan dalam bulu, gula bit, dan semangat kentang

Así como el párroco ha ido siempre de la mano con el terrateniente, así también lo ha hecho el socialismo clerical con el socialismo feudal

Oleh kerana pendeta pernah seiring dengan tuan tanah, begitu juga dengan Sosialisme Perkeranian dengan Sosialisme Feudal

Nada es más fácil que dar al ascetismo cristiano un tinte socialista

Tiada yang lebih mudah daripada memberikan pertapaan Kristian warna Sosialis

¿No ha declamado el cristianismo contra la propiedad privada, contra el matrimonio, contra el Estado?

Bukankah agama Kristian mendakwa terhadap harta persendirian, menentang perkahwinan, terhadap Negara?

¿No ha predicado el cristianismo en lugar de estos, la caridad y la pobreza?

Bukankah agama Kristian berkhotbah di tempat ini, amal dan kemiskinan?

¿Acaso el cristianismo no predica el celibato y la mortificación de la carne, la vida monástica y la Madre Iglesia?

Adakah agama Kristian tidak mengajarkan bujang dan penghinaan daging, kehidupan monastik dan Gereja Ibu?

El socialismo cristiano no es más que el agua bendita con la que el sacerdote consagra los ardores del corazón del aristócrata

Sosialisme Kristian hanyalah air suci yang dengannya imam menguduskan pembakaran hati bangsawan

b) Socialismo pequeñoburgués
b) Sosialisme Borjuis Kecil

La aristocracia feudal no fue la única clase arruinada por la burguesía
Bangsawan feudal bukan satu-satunya kelas yang dimusnahkan oleh Borjuasi
no fue la única clase cuyas condiciones de existencia languidecieron y perecieron en la atmósfera de la sociedad burguesa moderna
ia bukan satu-satunya kelas yang keadaan kewujudannya terjepit dan binasa dalam suasana masyarakat Borjuasi moden
Los burgueses medievales y los pequeños propietarios campesinos fueron los precursores de la burguesía moderna
Burgesses zaman pertengahan dan pemilik petani kecil adalah pelopor Borjuasi moden
En los países poco desarrollados, industrial y comercialmente, estas dos clases siguen vegetando una al lado de la otra
Di negara-negara yang kurang maju, dari segi perindustrian dan komersial, kedua-dua kelas ini masih tumbuh-tumbuhan bersebelahan
y mientras tanto la burguesía se levanta junto a ellos: industrial, comercial y políticamente
dan sementara itu Borjuasi bangkit di sebelah mereka: dari segi perindustrian, komersial, dan politik
En los países donde la civilización moderna se ha desarrollado plenamente, se ha formado una nueva clase de pequeña burguesía
Di negara-negara di mana tamadun moden telah berkembang sepenuhnya, kelas baru Borjuasi kecil telah dibentuk
esta nueva clase social fluctúa entre el proletariado y la burguesía
kelas sosial baru ini berubah-ubah antara proletariat dan borjuasi

y siempre se renueva como parte complementaria de la sociedad burguesa

dan ia sentiasa memperbaharui dirinya sebagai bahagian tambahan masyarakat Borjuasi

Sin embargo, los miembros individuales de esta clase son constantemente arrojados al proletariado

Ahli-ahli individu kelas ini, bagaimanapun, sentiasa dilemparkan ke dalam proletariat

son absorbidos por el proletariado a través de la acción de la competencia

mereka disedut oleh proletariat melalui tindakan persaingan

A medida que la industria moderna se desarrolla, incluso ven acercarse el momento en que desaparecerán por completo como sección independiente de la sociedad moderna

Apabila industri moden berkembang, mereka juga melihat masa yang semakin hampir, apabila mereka akan hilang sepenuhnya sebagai bahagian bebas masyarakat moden

Serán reemplazados, en las manufacturas, la agricultura y el comercio, por vigilantes, alguaciles y tenderos

Mereka akan digantikan, dalam pembuatan, pertanian dan perdagangan, oleh pemerhati, bailif dan tukang kedai

En países como Francia, donde los campesinos constituyen mucho más de la mitad de la población

Di negara-negara seperti Perancis, di mana petani membentuk lebih daripada separuh daripada penduduk

era natural que hubiera escritores que se pusieran del lado del proletariado contra la burguesía

adalah wajar bahawa terdapat penulis yang memihak kepada proletariat menentang Borjuasi

en su crítica al régimen burgués utilizaron el estandarte de la pequeña burguesía campesina

dalam kritikan mereka terhadap rejim Borjuasi, mereka menggunakan standard petani dan Borjuasi kecil

Y desde el punto de vista de estas clases intermedias, toman el garrote de la clase obrera

dan dari sudut kelas perantaraan ini mereka mengambil
tongkat untuk kelas pekerja

**Así surgió el socialismo pequeñoburgués, del que Sismondi
era el jefe de esta escuela, no sólo en Francia, sino también
en Inglaterra**

Oleh itu, timbul Sosialisme Borjuasi kecil, di mana Sismondi
adalah ketua sekolah ini, bukan sahaja di Perancis tetapi juga
di England

**Esta escuela del socialismo diseccionó con gran agudeza las
contradicciones de las condiciones de producción moderna**

Sekolah Sosialisme ini membedah dengan sangat tajam
percanggahan dalam keadaan pengeluaran moden

**Esta escuela puso al descubierto las apologías hipócritas de
los economistas**

Sekolah ini mendedahkan permohonan maaf hipokrit ahli
ekonomi

**Esta escuela demostró, incontrovertiblemente, los efectos
desastrosos de la maquinaria y de la división del trabajo**

Sekolah ini membuktikan, tidak dapat dipertikaikan, kesan
bencana jentera dan pembahagian kerja

**Probó la concentración del capital y de la tierra en pocas
manos**

ia membuktikan penumpuan modal dan tanah di beberapa
tangan

**demostró cómo la sobreproducción conduce a las crisis de la
burguesía**

ia membuktikan bagaimana pengeluaran berlebihan
membawa kepada krisis Borjuasi

**señalaba la ruina inevitable de la pequeña burguesía y del
campesino**

ia menunjukkan kemusnahan yang tidak dapat dielakkan
daripada Borjuasi kecil dan petani

**la miseria del proletariado, la anarquía en la producción, las
desigualdades flagrantes en la distribución de la riqueza**

kesengsaraan proletariat, anarki dalam pengeluaran,
ketidaksamaan yang menangis dalam pengagihan kekayaan

Mostró cómo el sistema de producción lidera la guerra industrial de exterminio entre naciones

Ia menunjukkan bagaimana sistem pengeluaran mengetuai perang perindustrian pemusnahan antara negara

la disolución de los viejos lazos morales, de las viejas relaciones familiares, de las viejas nacionalidades

pembubaran ikatan moral lama, hubungan keluarga lama, kewarganegaraan lama

Sin embargo, en sus objetivos positivos, esta forma de socialismo aspira a lograr una de dos cosas

Walau bagaimanapun, dalam matlamat positifnya, bentuk Sosialisme ini bercita-cita untuk mencapai salah satu daripada dua perkara

o bien pretende restaurar los antiguos medios de producción y de intercambio

sama ada ia bertujuan untuk memulihkan cara pengeluaran dan pertukaran lama

y con los viejos medios de producción restauraría las viejas relaciones de propiedad y la vieja sociedad

dan dengan alat pengeluaran lama ia akan memulihkan hubungan harta lama, dan masyarakat lama

o pretende apretar los medios modernos de producción e intercambio en el viejo marco de las relaciones de propiedad

atau ia bertujuan untuk mengecilkan cara pengeluaran dan pertukaran moden ke dalam rangka kerja lama hubungan harta

En cualquier caso, es a la vez reaccionario y utópico

Dalam kedua-dua kes, ia adalah reaksioner dan Utopia

Sus últimas palabras son: gremios corporativos para la manufactura, relaciones patriarcales en la agricultura

Kata-kata terakhirnya ialah: persatuan korporat untuk pembuatan, hubungan patriarki dalam pertanian

En última instancia, cuando los obstinados hechos históricos habían dispersado todos los efectos embriagadores del autoengaño

Akhirnya, apabila fakta sejarah yang degil telah menyebarkan semua kesan memabukkan penipuan diri

esta forma de socialismo terminó en un miserable ataque de lástima

bentuk Sosialisme ini berakhir dengan rasa kasihan yang menyedihkan

c) Socialismo alemán o "verdadero"
c) Sosialisme Jerman, atau "Benar"

La literatura socialista y comunista de Francia se originó bajo la presión de una burguesía en el poder
Kesusasteraan Sosialis dan Komunis Perancis berasal di bawah tekanan Borjuasi yang berkuasa
Y esta literatura era la expresión de la lucha contra este poder
dan kesusasteraan ini adalah ungkapan perjuangan menentang kuasa ini
se introdujo en Alemania en un momento en que la burguesía acababa de comenzar su lucha contra el absolutismo feudal
ia diperkenalkan ke Jerman pada masa Borjuasi baru sahaja memulakan persaingannya dengan absolutisme feudal
Los filósofos alemanes, los aspirantes a filósofos y los beaux esprits, se apoderaron con avidez de esta literatura
Ahli falsafah Jerman, bakal ahli falsafah, dan beaux esprit, dengan bersemangat merebut kesusasteraan ini
pero olvidaron que los escritos emigraron de Francia a Alemania sin traer consigo las condiciones sociales francesas
tetapi mereka lupa bahawa tulisan-tulisan itu berhijrah dari Perancis ke Jerman tanpa membawa keadaan sosial Perancis
En contacto con las condiciones sociales alemanas, esta literatura francesa perdió toda su significación práctica inmediata
Dalam hubungan dengan keadaan sosial Jerman, kesusasteraan Perancis ini kehilangan semua kepentingan praktikalnya yang segera
y la literatura comunista de Francia asumió un aspecto puramente literario en los círculos académicos alemanes
dan kesusasteraan Komunis Perancis menganggap aspek sastera semata-mata dalam kalangan akademik Jerman
Así, las exigencias de la primera Revolución Francesa no eran más que las exigencias de la "Razón Práctica"

Oleh itu, tuntutan Revolusi Perancis pertama tidak lebih
daripada tuntutan "Alasan Praktikal"
**y la expresión de la voluntad de la burguesía revolucionaria
francesa significaba a sus ojos la ley de la voluntad pura**
dan ucapan kehendak Borjuasi Perancis yang revolusioner
menandakan di mata mereka undang-undang Kehendak
murni
**significaba la Voluntad tal como estaba destinada a ser; de la
verdadera Voluntad humana en general**
ia menandakan Kehendak seperti yang sepatutnya; Kehendak
manusia sejati secara amnya
**El mundo de los literatos alemanes consistía únicamente en
armonizar las nuevas ideas francesas con su antigua
conciencia filosófica**
Dunia sasterawan Jerman semata-mata terdiri daripada
membawa idea-idea Perancis baru ke dalam harmoni dengan
hati nurani falsafah kuno mereka
**o mejor dicho, se anexionaron las ideas francesas sin
abandonar su propio punto de vista filosófico**
atau lebih tepatnya, mereka mengilhamkan idea-idea Perancis
tanpa meninggalkan sudut pandangan falsafah mereka sendiri
**Esta anexión se llevó a cabo de la misma manera en que se
apropia una lengua extranjera, es decir, por traducción**
Pengilhakan ini berlaku dengan cara yang sama di mana
bahasa asing diperuntukkan, iaitu, melalui terjemahan
**Es bien sabido cómo los monjes escribieron vidas tontas de
santos católicos sobre manuscritos**
Umum mengetahui bagaimana para sami menulis kehidupan
bodoh Orang Suci Katolik di atas manuskrip
**los manuscritos sobre los que se habían escrito las obras
clásicas del antiguo paganismo**
manuskrip di mana karya-karya klasik kafir kuno telah ditulis
**Los literatos alemanes invirtieron este proceso con la
literatura profana francesa**
Sasterawan Jerman membalikkan proses ini dengan
kesusasteraan Perancis yang tidak senonoh

Escribieron sus tonterías filosóficas bajo el original francés

Mereka menulis karut falsafah mereka di bawah asal Perancis

Por ejemplo, debajo de la crítica francesa a las funciones económicas del dinero, escribieron "Alienación de la humanidad"

Sebagai contoh, di bawah kritikan Perancis terhadap fungsi ekonomi wang, mereka menulis "Pengasingan Kemanusiaan"

debajo de la crítica francesa al Estado burgués escribieron "destronamiento de la categoría de general"

di bawah kritikan Perancis terhadap Negara Borjuasi mereka menulis "penggulingan Kategori Jeneral"

La introducción de estas frases filosóficas en el reverso de las críticas históricas francesas las denominó:

Pengenalan frasa falsafah ini di belakang kritikan sejarah Perancis yang mereka gelarkan:

"Filosofía de la acción", "Socialismo verdadero", "Ciencia alemana del socialismo", "Fundamentos filosóficos del socialismo", etc

"Falsafah Tindakan," "Sosialisme Sejati," "Sains Sosialisme Jerman," "Asas Falsafah Sosialisme," dan sebagainya

De este modo, la literatura socialista y comunista francesa quedó completamente castrada

Oleh itu, kesusasteraan Sosialis dan Komunis Perancis telah dikebiri sepenuhnya

en manos de los filósofos alemanes dejó de expresar la lucha de una clase con la otra

di tangan ahli falsafah Jerman ia berhenti menyatakan perjuangan satu kelas dengan yang lain

y así los filósofos alemanes se sintieron conscientes de haber superado la "unilateralidad francesa"

dan oleh itu ahli falsafah Jerman berasa sedar telah mengatasi "berat sebelah Perancis"

no tenía que representar requisitos verdaderos, sino que representaba requisitos de verdad

ia tidak perlu mewakili keperluan sebenar, sebaliknya, ia mewakili keperluan kebenaran

no había interés en el proletariado, más bien, había interés en la Naturaleza Humana

tidak ada minat dalam proletariat, sebaliknya, ada minat dalam Sifat Manusia

el interés estaba en el Hombre en general, que no pertenece a ninguna clase y no tiene realidad

minatnya adalah pada Manusia secara umum, yang tidak tergolong dalam kelas, dan tidak mempunyai realiti

Un hombre que sólo existe en el brumoso reino de la fantasía filosófica

seorang lelaki yang hanya wujud dalam alam berkabus fantasi falsafah

pero con el tiempo este colegial socialismo alemán también perdió su inocencia pedante

tetapi akhirnya budak sekolah Sosialisme Jerman ini juga kehilangan kepolosannya yang bertele-tele

la burguesía alemana, y especialmente la burguesía prusiana, lucharon contra la aristocracia feudal

Borjuasi Jerman, dan terutamanya Borjuasi Prusia berjuang menentang bangsawan feudal

la monarquía absoluta de Alemania y Prusia también estaba siendo combatida

monarki mutlak Jerman dan Prusia juga dibantah

Y a su vez, la literatura del movimiento liberal también se hizo más seria

dan seterusnya, kesusasteraan gerakan liberal juga menjadi lebih bersungguh-sungguh

Se le ofreció a Alemania la tan deseada oportunidad del "verdadero" socialismo

Peluang Jerman yang telah lama diidam-idamkan untuk Sosialisme "sejati" telah ditawarkan

la oportunidad de confrontar al movimiento político con las reivindicaciones socialistas

peluang untuk menghadapi gerakan politik dengan tuntutan Sosialis

la oportunidad de lanzar los anatemas tradicionales contra el liberalismo

peluang untuk melemparkan kutukan tradisional terhadap liberalisme

la oportunidad de atacar al gobierno representativo y a la competencia burguesa

peluang untuk menyerang kerajaan perwakilan dan persaingan Borjuasi

Libertad de prensa burguesa, Legislación burguesa, Libertad e igualdad burguesa

Kebebasan akhbar borjuasi, perundangan borjuasi, kebebasan dan kesaksamaan borjuasi

Todo esto ahora podría ser criticado en el mundo real, en lugar de en la fantasía

Semua ini kini boleh dikritik di dunia nyata, dan bukannya dalam fantasi

La aristocracia feudal y la monarquía absoluta habían predicado durante mucho tiempo a las masas

Bangsawan feudal dan monarki mutlak telah lama berdakwah kepada orang ramai

"El obrero no tiene nada que perder y tiene todo que ganar"

"Lelaki yang bekerja tidak mempunyai apa-apa untuk rugi, dan dia mempunyai segala-galanya untuk diperolehi"

el movimiento burgués también ofrecía la oportunidad de hacer frente a estos tópicos

gerakan Borjuasi juga menawarkan peluang untuk menghadapi kata-kata kosong ini

la crítica francesa presuponía la existencia de la sociedad burguesa moderna

kritikan Perancis mengandaikan kewujudan masyarakat Borjuasi moden

Las condiciones económicas de existencia de la burguesía y la constitución política de la burguesía

Keadaan kewujudan ekonomi borjuasi dan perlembagaan politik borjuasi

las mismas cosas cuya consecución era el objeto de la lucha pendiente en Alemania

perkara-perkara yang pencapaiannya menjadi objek perjuangan yang belum selesai di Jerman

El estúpido eco del socialismo alemán abandonó estos objetivos justo a tiempo

Gema bodoh Jerman tentang sosialisme meninggalkan matlamat ini hanya dalam masa yang singkat

Los gobiernos absolutos tenían sus seguidores de párrocos, profesores, escuderos y funcionarios

Kerajaan Mutlak mempunyai pengikut mereka daripada pendeta, profesor, pengawal negara dan pegawai

el gobierno de la época se enfrentó a los levantamientos de la clase obrera alemana con azotes y balas

kerajaan pada masa itu menghadapi kebangkitan kelas pekerja Jerman dengan sebatan dan peluru

para ellos este socialismo servía de espantapájaros contra la burguesía amenazadora

bagi mereka sosialisme ini berfungsi sebagai orang-orangan sawah yang dialu-alukan terhadap Borjuasi yang mengancam

y el gobierno alemán pudo ofrecer un postre dulce después de las píldoras amargas que repartió

dan kerajaan Jerman dapat menawarkan pencuci mulut manis selepas pil pahit yang diberikannya

este "verdadero" socialismo servía así a los gobiernos como arma para combatir a la burguesía alemana

Sosialisme "Sejati" ini dengan itu berkhidmat kepada kerajaan sebagai senjata untuk memerangi Borjuasi Jerman

y, al mismo tiempo, representaba directamente un interés reaccionario; la de los filisteos alemanes

dan, pada masa yang sama, ia secara langsung mewakili kepentingan reaksioner; iaitu orang Filistin Jerman

En Alemania, la pequeña burguesía es la verdadera base social del actual estado de cosas

Di Jerman, kelas Borjuasi kecil adalah asas sosial sebenar keadaan sedia ada

Una reliquia del siglo XVI que ha ido surgiendo constantemente bajo diversas formas
peninggalan abad keenam belas yang sentiasa muncul di bawah pelbagai bentuk

Preservar esta clase es preservar el estado de cosas existente en Alemania
Untuk memelihara kelas ini adalah untuk mengekalkan keadaan sedia ada di Jerman

La supremacía industrial y política de la burguesía amenaza a la pequeña burguesía con una destrucción segura
Ketuanan perindustrian dan politik Borjuasi mengancam Borjuasi kecil dengan kemusnahan tertentu

por un lado, amenaza con destruir a la pequeña burguesía a través de la concentración del capital
di satu pihak, ia mengancam untuk memusnahkan Borjuasi kecil melalui penumpuan modal

por otra parte, la burguesía amenaza con destruirla mediante el ascenso de un proletariado revolucionario
sebaliknya, Borjuasi mengancam untuk memusnahkannya melalui kebangkitan proletariat revolusioner

El "verdadero" socialismo parecía matar estos dos pájaros de un tiro. Se extendió como una epidemia
Sosialisme "Benar" nampaknya membunuh kedua-dua burung ini dengan satu batu. Ia merebak seperti wabak

El manto de telarañas especulativas, bordado con flores de retórica, empapado en el rocío de un sentimiento enfermizo
Jubah sarang labah-labah spekulatif, disulam dengan bunga-bunga retorik, tenggelam dalam embun sentimen yang sakit

esta túnica trascendental en la que los socialistas alemanes envolvían sus tristes "verdades eternas"
jubah transendental ini di mana Sosialis Jerman membungkus "kebenaran abadi" mereka yang menyedihkan

toda la piel y los huesos, sirvieron para aumentar maravillosamente la venta de sus productos entre un público tan

semua kulit dan tulang, berfungsi untuk meningkatkan
penjualan barangan mereka di kalangan orang ramai seperti
itu

Y por su parte, el socialismo alemán reconocía, cada vez más, su propia vocación
Dan di pihaknya, Sosialisme Jerman mengiktiraf, semakin
banyak, panggilannya sendiri

estaba llamado a ser el grandilocuente representante de la pequeña burguesía filistea
ia dipanggil untuk menjadi wakil bombastik Filistin Borjuis
Kecil

Proclamaba que la nación alemana era la nación modelo, y que el pequeño filisteo alemán era el hombre modelo
Ia mengisytiharkan negara Jerman sebagai negara model, dan
orang Filistin kecil Jerman sebagai lelaki teladan

A cada maldad malvada de este hombre modelo le daba una interpretación socialista oculta y superior
Kepada setiap kejahatan jahat lelaki model ini, ia memberikan
tafsiran Sosialistik yang tersembunyi, lebih tinggi

esta interpretación socialista superior era exactamente lo contrario de su carácter real
tafsiran Sosialistik yang lebih tinggi ini adalah bertentangan
dengan watak sebenar

Llegó al extremo de oponerse directamente a la tendencia "brutalmente destructiva" del comunismo
Ia pergi ke tahap yang melampau untuk menentang secara
langsung kecenderungan Komunisme yang "merosakkan
secara kejam"

y proclamó su supremo e imparcial desprecio de todas las luchas de clases
dan ia mengisytiharkan penghinaan tertinggi dan tidak berat
sebelah terhadap semua perjuangan kelas

Con muy pocas excepciones, todas las publicaciones llamadas socialistas y comunistas que ahora (1847) circulan en Alemania pertenecen al dominio de esta literatura sucia y enervante

Dengan sedikit pengecualian, semua penerbitan Sosialis dan Komunis yang kini (1847) beredar di Jerman tergolong dalam domain kesusasteraan yang busuk dan bertenaga ini

2) Socialismo conservador o socialismo burgués
2) Sosialisme Konservatif, atau Sosialisme Borjuasi

Una parte de la burguesía está deseosa de reparar los agravios sociales
Sebahagian daripada Borjuasi berhasrat untuk membetulkan rungutan sosial
con el fin de asegurar la continuidad de la sociedad burguesa
untuk menjamin kewujudan berterusan masyarakat Borjuasi
A esta sección pertenecen economistas, filántropos, humanistas
Bahagian ini tergolong ahli ekonomi, dermawan, kemanusiaan
mejoradores de la condición de la clase obrera y organizadores de la caridad
penambahbaikan keadaan kelas pekerja dan penganjur amal
Miembros de las Sociedades para la Prevención de la Crueldad contra los Animales
Ahli Persatuan untuk Pencegahan Kekejaman terhadap Haiwan
fanáticos de la templanza, reformadores de todo tipo imaginable
fanatik kesederhanaan, pembaharu lubang dan sudut dari setiap jenis yang boleh dibayangkan
Esta forma de socialismo, además, ha sido elaborada en sistemas completos
Bentuk Sosialisme ini, lebih-lebih lagi, telah diusahakan ke dalam sistem yang lengkap
Podemos citar la "Philosophie de la Misère" de Proudhon como ejemplo de esta forma
Kita boleh memetik "Philosophie de la Misère" Proudhon sebagai contoh bentuk ini
La burguesía socialista quiere todas las ventajas de las condiciones sociales modernas

Borjuasi Sosialistik mahukan semua kelebihan keadaan sosial moden

pero la burguesía socialista no quiere necesariamente las luchas y los peligros resultantes

tetapi Borjuasi Sosialistik tidak semestinya mahukan perjuangan dan bahaya yang terhasil

Desean el estado actual de la sociedad, menos sus elementos revolucionarios y desintegradores

Mereka menginginkan keadaan masyarakat yang sedia ada, tolak unsur-unsur revolusioner dan hancurnya

en otras palabras, desean una burguesía sin proletariado

dalam erti kata lain, mereka menginginkan Borjuasi tanpa proletariat

La burguesía concibe naturalmente el mundo en el que es supremo ser el mejor

Borjuasi secara semula jadi membayangkan dunia di mana ia adalah tertinggi untuk menjadi yang terbaik

y el socialismo burgués desarrolla esta cómoda concepción en varios sistemas más o menos completos

dan Sosialisme Borjuasi mengembangkan konsep yang selesa ini ke dalam pelbagai sistem yang lebih kurang lengkap

les gustaría mucho que el proletariado marchara directamente hacia la Nueva Jerusalén social

mereka sangat mahu proletariat berarak terus ke Baitulmaqdis Baru yang sosial

pero en realidad requiere que el proletariado permanezca dentro de los límites de la sociedad existente

tetapi pada hakikatnya ia memerlukan proletariat untuk kekal dalam batas-batas masyarakat sedia ada

piden al proletariado que abandone todas sus ideas odiosas sobre la burguesía

mereka meminta proletariat untuk membuang semua idea kebencian mereka mengenai Borjuasi

hay una segunda forma más práctica, pero menos sistemática, de este socialismo

terdapat bentuk kedua yang lebih praktikal, tetapi kurang sistematik, Sosialisme ini

Esta forma de socialismo buscaba despreciar todo movimiento revolucionario a los ojos de la clase obrera

Bentuk sosialisme ini berusaha untuk merendahkan setiap gerakan revolusioner di mata kelas pekerja

Argumentan que ninguna mera reforma política podría ser ventajosa para ellos

mereka berpendapat tiada pembaharuan politik semata-mata boleh memberi kelebihan kepada mereka

Sólo un cambio en las condiciones materiales de existencia en las relaciones económicas es beneficioso

hanya perubahan dalam keadaan material kewujudan dalam hubungan ekonomi yang bermanfaat

Al igual que el comunismo, esta forma de socialismo aboga por un cambio en las condiciones materiales de existencia

Seperti komunisme, bentuk sosialisme ini menyokong perubahan dalam keadaan material kewujudan

sin embargo, esta forma de socialismo no sugiere en modo alguno la abolición de las relaciones de producción burguesas

walau bagaimanapun, bentuk sosialisme ini sama sekali tidak mencadangkan pemansuhan hubungan pengeluaran Borjuasi

la abolición de las relaciones de producción burguesas sólo puede lograrse mediante una revolución

pemansuhan hubungan pengeluaran Borjuasi hanya boleh dicapai melalui revolusi

Pero en lugar de una revolución, esta forma de socialismo sugiere reformas administrativas

Tetapi bukannya revolusi, bentuk sosialisme ini mencadangkan pembaharuan pentadbiran

y estas reformas administrativas se basarían en la continuidad de estas relaciones

dan pembaharuan pentadbiran ini akan berdasarkan kewujudan berterusan hubungan ini

reformas, por lo tanto, que no afectan en ningún aspecto a las relaciones entre el capital y el trabajo

pembaharuan, oleh itu, yang tidak menjejaskan hubungan antara modal dan buruh

en el mejor de los casos, tales reformas disminuyen el costo y simplifican el trabajo administrativo del gobierno burgués

paling baik, pembaharuan sedemikian mengurangkan kos dan memudahkan kerja pentadbiran kerajaan Borjuasi

El socialismo burgués alcanza una expresión adecuada cuando, y sólo cuando, se convierte en una mera figura retórica

Sosialisme Borjuis mencapai ekspresi yang mencukupi, apabila, dan hanya apabila, ia menjadi kiasan semata-mata

Libre comercio: en beneficio de la clase obrera

Perdagangan bebas: untuk kepentingan kelas pekerja

Deberes protectores: en beneficio de la clase obrera

Tugas perlindungan: untuk kepentingan kelas pekerja

Reforma Penitenciaria: en beneficio de la clase trabajadora

Pembaharuan Penjara: untuk kepentingan kelas pekerja

Esta es la última palabra y la única palabra seria del socialismo burgués

Ini adalah perkataan terakhir dan satu-satunya perkataan Sosialisme Borjuasi yang dimaksudkan secara serius

Se resume en la frase: la burguesía es una burguesía en beneficio de la clase obrera

Ia disimpulkan dalam frasa: Borjuasi adalah Borjuasi untuk kepentingan kelas pekerja

3) Socialismo crítico-utópico y comunismo
3) Sosialisme dan Komunisme Kritikal-Utopia

No nos referimos aquí a esa literatura que siempre ha dado voz a las reivindicaciones del proletariado
Di sini kita tidak merujuk kepada kesusasteraan yang sentiasa menyuarakan tuntutan proletariat

esto ha estado presente en todas las grandes revoluciones modernas, como los escritos de Babeuf y otros
ini telah hadir dalam setiap revolusi moden yang hebat, seperti tulisan Babeuf dan lain-lain

Las primeras tentativas directas del proletariado para alcanzar sus propios fines fracasaron necesariamente
Percubaan langsung pertama proletariat untuk mencapai tujuannya sendiri semestinya gagal

Estos intentos se hicieron en tiempos de excitación universal, cuando la sociedad feudal estaba siendo derrocada
Percubaan ini dibuat pada masa keseronokan sejagat, apabila masyarakat feudal digulingkan

El entonces subdesarrollado del proletariado llevó a que fracasaran esos intentos
keadaan proletariat yang belum berkembang ketika itu membawa kepada percubaan itu gagal

y fracasaron por la ausencia de las condiciones económicas para su emancipación
dan mereka gagal kerana ketiadaan keadaan ekonomi untuk pembebasannya

condiciones que aún no se habían producido, y que sólo podían ser producidas por la inminente época de la burguesía
keadaan yang masih belum dihasilkan, dan boleh dihasilkan oleh zaman Borjuasi yang akan datang sahaja

La literatura revolucionaria que acompañó a estos primeros movimientos del proletariado tuvo necesariamente un carácter reaccionario

Kesusasteraan revolusioner yang mengiringi pergerakan pertama proletariat ini semestinya mempunyai watak reaksioner

Esta literatura inculcó el ascetismo universal y la nivelación social en su forma más cruda

Kesusasteraan ini menanamkan pertapaan sejagat dan meratakan sosial dalam bentuknya yang paling kasar

Los sistemas socialista y comunista, propiamente dichos, surgen en el período temprano no desarrollado

Sistem Sosialis dan Komunis, yang dipanggil, wujud pada zaman awal yang belum dibangunkan

Saint-Simon, Fourier, Owen y otros, describieron la lucha entre el proletariado y la burguesía (ver sección 1)

Saint-Simon, Fourier, Owen dan lain-lain, menggambarkan perjuangan antara proletariat dan Borjuasi (lihat Bahagian 1)

Los fundadores de estos sistemas ven, en efecto, los antagonismos de clase

Pengasas sistem ini melihat, sememangnya, antagonisme kelas

también ven la acción de los elementos en descomposición, en la forma predominante de la sociedad

mereka juga melihat tindakan unsur-unsur yang mereput, dalam bentuk masyarakat yang lazim

Pero el proletariado, todavía en su infancia, les ofrece el espectáculo de una clase sin ninguna iniciativa histórica

Tetapi proletariat, yang masih di peringkat awal, menawarkan kepada mereka tontonan kelas tanpa sebarang inisiatif sejarah

Ven el espectáculo de una clase social sin ningún movimiento político independiente

mereka melihat tontonan kelas sosial tanpa sebarang gerakan politik bebas

El desarrollo del antagonismo de clase sigue el mismo ritmo que el desarrollo de la industria

Perkembangan antagonisme kelas seiring dengan perkembangan industri

De modo que la situación económica no les ofrece todavía las condiciones materiales para la emancipación del proletariado

Oleh itu, keadaan ekonomi belum lagi menawarkan kepada mereka syarat-syarat material untuk pembebasan proletariat

Por lo tanto, buscan una nueva ciencia social, nuevas leyes sociales, que creen estas condiciones

Oleh itu, mereka mencari sains sosial baru, selepas undang-undang sosial baru, yang akan mewujudkan syarat-syarat ini

acción histórica es ceder a su acción inventiva personal

tindakan sejarah adalah untuk tunduk kepada tindakan inventif peribadi mereka

Las condiciones de emancipación creadas históricamente han de ceder ante condiciones fantásticas

Keadaan pembebasan yang dicipta secara sejarah adalah untuk tunduk kepada keadaan yang hebat

y la organización gradual y espontánea de clase del proletariado debe ceder ante la organización de la sociedad

dan organisasi kelas proletariat yang beransur-ansur dan spontan adalah untuk tunduk kepada organisasi masyarakat

la organización de la sociedad especialmente ideada por estos inventores

organisasi masyarakat yang direka khas oleh pencipta-pencipta ini

La historia futura se resuelve, a sus ojos, en la propaganda y en la realización práctica de sus planes sociales

Sejarah masa depan menyelesaikan dirinya sendiri, di mata mereka, ke dalam propaganda dan pelaksanaan praktikal rancangan sosial mereka

En la formación de sus planes son conscientes de preocuparse principalmente por los intereses de la clase obrera

Dalam pembentukan rancangan mereka, mereka sedar untuk menjaga kepentingan kelas pekerja

Sólo desde el punto de vista de ser la clase más sufriente existe el proletariado para ellos

Hanya dari sudut pandangan sebagai kelas yang paling
menderita, proletariat wujud untuk mereka

**El estado subdesarrollado de la lucha de clases y su propio
entorno informan sus opiniones**

Keadaan perjuangan kelas yang belum berkembang dan
persekitaran mereka sendiri memaklumkan pendapat mereka

**Los socialistas de este tipo se consideran muy superiores a
todos los antagonismos de clase**

Sosialis seperti ini menganggap diri mereka jauh lebih unggul
daripada semua antagonisme kelas

**Quieren mejorar la condición de todos los miembros de la
sociedad, incluso la de los más favorecidos**

Mereka mahu memperbaiki keadaan setiap ahli masyarakat,
walaupun yang paling digemari

**De ahí que habitualmente atraigan a la sociedad en general,
sin distinción de clase**

Oleh itu, mereka biasanya merayu kepada masyarakat secara
amnya, tanpa membezakan kelas

**Es más, apelan a la sociedad en general con preferencia a la
clase dominante**

tidak, mereka merayu kepada masyarakat secara amnya
dengan keutamaan kepada kelas pemerintah

**Para ellos, todo lo que se requiere es que los demás
entiendan su sistema**

Bagi mereka, apa yang diperlukan ialah orang lain memahami
sistem mereka

**Porque, ¿cómo puede la gente no ver que el mejor plan
posible es para el mejor estado posible de la sociedad?**

Kerana bagaimana orang boleh gagal melihat bahawa
rancangan terbaik adalah untuk keadaan masyarakat yang
terbaik?

**Por lo tanto, rechazan toda acción política, y especialmente
toda acción revolucionaria**

Oleh itu, mereka menolak semua tindakan politik, dan
terutamanya semua revolusioner

desean alcanzar sus fines por medios pacíficos

mereka ingin mencapai tujuan mereka dengan cara yang aman

se esfuerzan, mediante pequeños experimentos, que están necesariamente condenados al fracaso

mereka berusaha, dengan eksperimen kecil, yang semestinya ditakdirkan untuk gagal

y con la fuerza del ejemplo tratan de abrir el camino al nuevo Evangelio social

dan dengan kekuatan teladan mereka cuba membuka jalan bagi Injil sosial yang baru

Cuadros tan fantásticos de la sociedad futura, pintados en un momento en que el proletariado se encuentra todavía en un estado muy subdesarrollado

Gambar-gambar hebat masyarakat masa depan, dilukis pada masa proletariat masih dalam keadaan yang sangat belum maju

y todavía no tiene más que una concepción fantástica de su propia posición

dan ia masih mempunyai konsep fantastik tentang kedudukannya sendiri

pero sus primeros anhelos instintivos corresponden a los anhelos del proletariado

tetapi kerinduan naluri pertama mereka sepadan dengan kerinduan proletariat

Ambos anhelan una reconstrucción general de la sociedad

Kedua-duanya mendambakan pembinaan semula masyarakat secara umum

Pero estas publicaciones socialistas y comunistas también contienen un elemento crítico

Tetapi penerbitan Sosialis dan Komunis ini juga mengandungi unsur kritikal

Atacan todos los principios de la sociedad existente

Mereka menyerang setiap prinsip masyarakat sedia ada

De ahí que estén llenos de los materiales más valiosos para la ilustración de la clase obrera

Oleh itu mereka penuh dengan bahan yang paling berharga untuk pencerahan kelas pekerja

Proponen la abolición de la distinción entre la ciudad y el campo, y la familia

mereka mencadangkan pemansuhan perbezaan antara bandar dan desa, dan keluarga

la supresión de la explotación de industrias por cuenta de los particulares

pemansuhan menjalankan industri untuk akaun individu persendirian

y la abolición del sistema salarial y la proclamación de la armonía social

dan pemansuhan sistem upah dan pengisytiharan keharmonian sosial

la conversión de las funciones del Estado en una mera superintendencia de la producción

penukaran fungsi Negara kepada pengawasan pengeluaran semata-mata

Todas estas propuestas, apuntan únicamente a la desaparición de los antagonismos de clase

Semua cadangan ini, menunjuk semata-mata kepada hilangnya antagonisme kelas

Los antagonismos de clase estaban, en ese momento, apenas surgiendo

Antagonisme kelas, pada masa itu, baru sahaja muncul

En estas publicaciones estos antagonismos de clase se reconocen sólo en sus formas más tempranas, indistintas e indefinidas

Dalam penerbitan ini, antagonisme kelas ini diiktiraf dalam bentuk yang paling awal, tidak jelas dan tidak ditentukan sahaja

Estas propuestas, por lo tanto, son de carácter puramente utópico

Oleh itu, cadangan ini adalah watak Utopia semata-mata

La importancia del socialismo crítico-utópico y del comunismo guarda una relación inversa con el desarrollo histórico

Kepentingan Sosialisme Kritikal-Utopia dan Komunisme mempunyai hubungan songsang dengan perkembangan sejarah

La lucha de clases moderna se desarrollará y continuará tomando forma definitiva

Perjuangan kelas moden akan berkembang dan terus mengambil bentuk yang pasti

Esta fantástica posición del concurso perderá todo valor práctico

Kedudukan hebat daripada pertandingan ini akan kehilangan semua nilai praktikal

Estos fantásticos ataques a los antagonismos de clase perderán toda justificación teórica

Serangan hebat terhadap antagonisme kelas ini akan kehilangan semua justifikasi teori

Los creadores de estos sistemas fueron, en muchos aspectos, revolucionarios

Pencetus sistem ini, dalam banyak aspek, revolusioner

pero sus discípulos han formado, en todos los casos, meras sectas reaccionarias

tetapi murid-murid mereka, dalam setiap kes, membentuk mazhab reaksioner semata-mata

Se aferran firmemente a los puntos de vista originales de sus amos

Mereka berpegang teguh pada pandangan asal tuan mereka

Pero estos puntos de vista se oponen al desarrollo histórico progresivo del proletariado

Tetapi pandangan ini bertentangan dengan perkembangan sejarah progresif proletariat

Por lo tanto, se esfuerzan, y eso de manera consecuente, por amortiguar la lucha de clases

Oleh itu, mereka berusaha, dan secara konsisten, untuk mematikan perjuangan kelas

y se esfuerzan constantemente por reconciliar los antagonismos de clase

dan mereka secara konsisten berusaha untuk mendamaikan antagonisme kelas

Todavía sueñan con la realización experimental de sus utopías sociales

Mereka masih mengimpikan realisasi eksperimen Utopia sosial mereka

todavía sueñan con fundar "falansterios" aislados y establecer "colonias domésticas"

mereka masih bermimpi untuk mengasaskan "phalansteres" terpencil dan menubuhkan "Tanah Jajahan Rumah"

sueñan con establecer una "Pequeña Icaria": ediciones duodécimas de la Nueva Jerusalén

mereka bermimpi untuk menubuhkan "Little Icaria"—edisi duodecimo Baitulmaqdis Baru

y sueñan con realizar todos estos castillos en el aire

dan mereka bermimpi untuk merealisasikan semua istana ini di udara

se ven obligados a apelar a los sentimientos y a las carteras de los burgueses

mereka terpaksa merayu kepada perasaan dan dompet borjuis

Poco a poco se hunden en la categoría de los socialistas conservadores reaccionarios descritos anteriormente

Secara bertahap mereka tenggelam ke dalam kategori Sosialis konservatif reaksioner yang digambarkan di atas

sólo se diferencian de ellos por una pedantería más sistemática

Mereka berbeza daripada ini hanya dengan pedantri yang lebih sistematik

y se diferencian por su creencia fanática y supersticiosa en los efectos milagrosos de su ciencia social

dan mereka berbeza dengan kepercayaan fanatik dan khurafat mereka terhadap kesan ajaib sains sosial mereka

Por lo tanto, se oponen violentamente a toda acción política por parte de la clase obrera

Oleh itu, mereka menentang keras semua tindakan politik di pihak kelas pekerja

tal acción, según ellos, sólo puede ser el resultado de una ciega incredulidad en el nuevo Evangelio

tindakan sedemikian, menurut mereka, hanya boleh terhasil daripada ketidakpercayaan buta kepada Injil baru

Los owenistas en Inglaterra y los fourieristas en Francia, respectivamente, se oponen a los cartistas y a los reformistas

Orang Owenit di England, dan Fourierist di Perancis, masing-masing, menentang Chartists dan "Réformistes"

Posición de los comunistas en relación con los diversos
partidos de oposición existentes
Kedudukan Komunis berhubung dengan pelbagai parti
pembangkang sedia ada

**La sección II ha dejado claras las relaciones de los
comunistas con los partidos obreros existentes**
Bahagian II telah menjelaskan hubungan Komunis dengan
parti-parti kelas pekerja sedia ada
**como los cartistas en Inglaterra y los reformadores agrarios
en América**
seperti Chartists di England, dan Reformis Agraria di Amerika
**Los comunistas luchan por el logro de los objetivos
inmediatos**
Komunis berjuang untuk mencapai matlamat segera
**Luchan por la imposición de los intereses momentáneos de
la clase obrera**
mereka berjuang untuk penguatkuasaan kepentingan seketika
kelas pekerja
**Pero en el movimiento político del presente, también
representan y cuidan el futuro de ese movimiento**
Tetapi dalam pergerakan politik masa kini, mereka juga
mewakili dan menjaga masa depan pergerakan itu
En Francia, los comunistas se alían con los socialdemócratas
Di Perancis Komunis bersekutu dengan Sosial-Demokrat
y se posicionan contra la burguesía conservadora y radical
dan mereka meletakkan diri mereka menentang Borjuasi
konservatif dan radikal
**sin embargo, se reservan el derecho de tomar una posición
crítica respecto de las frases e ilusiones tradicionalmente
transmitidas desde la gran Revolución**
walau bagaimanapun, mereka berhak untuk mengambil
kedudukan kritikal berkenaan dengan frasa dan ilusi yang
secara tradisinya diturunkan daripada Revolusi besar
**En Suiza apoyan a los radicales, sin perder de vista que este
partido está formado por elementos antagónicos**

Di Switzerland mereka menyokong Radikal, tanpa melupakan hakikat bahawa parti ini terdiri daripada unsur-unsur antagonis

en parte de los socialistas democráticos, en el sentido francés, en parte de la burguesía radical

sebahagiannya daripada Sosialis Demokratik, dalam erti kata Perancis, sebahagiannya daripada Borjuasi radikal

En Polonia apoyan al partido que insiste en la revolución agraria como condición primordial para la emancipación nacional

Di Poland mereka menyokong parti yang menegaskan revolusi agraria sebagai syarat utama untuk pembebasan negara

el partido que fomentó la insurrección de Cracovia en 1846

parti yang mencetuskan pemberontakan Cracow pada tahun 1846

En Alemania luchan con la burguesía cada vez que ésta actúa de manera revolucionaria

Di Jerman mereka berjuang dengan Borjuasi apabila ia bertindak dengan cara yang revolusioner

contra la monarquía absoluta, la nobleza feudal y la pequeña burguesía

menentang monarki mutlak, squirearchy feudal, dan Borjuasi kecil

Pero no cesan, ni por un solo instante, de inculcar en la clase obrera una idea particular

Tetapi mereka tidak pernah berhenti, untuk sekejap, untuk menanamkan ke dalam kelas pekerja satu idea tertentu

el reconocimiento más claro posible del antagonismo hostil entre la burguesía y el proletariado

pengiktirafan yang paling jelas tentang antagonisme bermusuhan antara Borjuasi dan proletariat

para que los obreros alemanes puedan utilizar inmediatamente las armas de que disponen

supaya pekerja Jerman boleh terus menggunakan senjata yang mereka boleh gunakan

las condiciones sociales y políticas que la burguesía debe
introducir necesariamente junto con su supremacía
keadaan sosial dan politik yang semestinya diperkenalkan
oleh Borjuasi bersama-sama dengan ketuanannya
la caída de las clases reaccionarias en Alemania es inevitable
kejatuhan kelas reaksioner di Jerman tidak dapat dielakkan
y entonces la lucha contra la burguesía misma puede
comenzar inmediatamente
dan kemudian perjuangan menentang Borjuasi itu sendiri
boleh segera bermula
Los comunistas dirigen su atención principalmente a
Alemania, porque este país está en vísperas de una
revolución burguesa
Komunis mengalihkan perhatian mereka terutamanya kepada
Jerman, kerana negara itu berada di malam revolusi Borjuasi
una revolución que está destinada a llevarse a cabo en las
condiciones más avanzadas de la civilización europea
revolusi yang pasti akan dijalankan di bawah keadaan
tamadun Eropah yang lebih maju
y está destinado a llevarse a cabo con un proletariado mucho
más desarrollado
dan ia pasti akan dilaksanakan dengan proletariat yang jauh
lebih maju
un proletariado más avanzado que el de Inglaterra en el
XVII y el de Francia en el siglo XVIII
proletariat yang lebih maju daripada England pada abad
ketujuh belas, dan Perancis pada abad kelapan belas
y porque la revolución burguesa en Alemania no será más
que el preludio de una revolución proletaria
inmediatamente posterior
dan kerana revolusi Borjuasi di Jerman akan menjadi
permulaan kepada revolusi proletar sejurus selepas itu
En resumen, los comunistas apoyan en todas partes todo
movimiento revolucionario contra el orden social y político
existente

Pendek kata, Komunis di mana-mana menyokong setiap gerakan revolusioner menentang susunan sosial dan politik yang sedia ada

En todos estos movimientos ponen en primer plano, como cuestión principal en cada uno de ellos, la cuestión de la propiedad

Dalam semua pergerakan ini mereka membawa ke hadapan, sebagai persoalan utama dalam setiap persoalan, persoalan harta

no importa cuál sea su grado de desarrollo en ese país en ese momento

Tidak kira apa tahap pembangunannya di negara itu pada masa itu

Finalmente, trabajan en todas partes por la unión y el acuerdo de los partidos democráticos de todos los países

Akhirnya, mereka bekerja di mana-mana untuk kesatuan dan persetujuan parti demokrasi semua negara

Los comunistas desdeñan ocultar sus puntos de vista y sus objetivos

Komunis menghina untuk menyembunyikan pandangan dan matlamat mereka

Declaran abiertamente que sus fines sólo pueden alcanzarse mediante el derrocamiento por la fuerza de todas las condiciones sociales existentes

Mereka secara terbuka mengisytiharkan bahawa tujuan mereka boleh dicapai hanya dengan penggulingan paksa semua keadaan sosial yang ada

Que las clases dominantes tiemblen ante una revolución comunista

Biarkan kelas pemerintah gemetar pada revolusi Komunis

Los proletarios no tienen nada que perder más que sus cadenas

Proletar tidak mempunyai apa-apa untuk hilang selain rantai mereka

Tienen un mundo que ganar

Mereka mempunyai dunia untuk menang

¡TRABAJADORES DE TODOS LOS PAÍSES, UNÍOS!
LELAKI PEKERJA DARI SEMUA NEGARA, BERSATU!